石渡嶺司

就活のワナ

あなたの魅力が伝わらない理由

JN053288

講談社＋α《プラスアルファ》新書

はじめに

楽勝ムードだったはずなのに

コロナショック後の就活、それは言うなれば「ぼったくり居酒屋」現象が起きている点が特徴です。

学生の皆さんは、ぼったくり居酒屋に行ったことがあるでしょうか。

店の近くにいる客引きは「×時間で△△円にサービスします」などと安さを宣伝します。その安さにつられて入ると、あら不思議。むしろ、高い値段を吹っ掛けられます。あれやこれやとごねられ、結局は高い値段を払う羽目になります。

2021年卒業、そして22年卒の就活生は、就活中にぼったくり居酒屋に入ったような気分なのではないでしょうか。

2019年以前、就活は売り手市場にありました。就活生は先輩学生から「就活はそれほどきつくなかった、むしろ楽勝」とすら聞かされていました。それがコロナショックで状況は一変します。

2021年卒の就活生は苦戦者が続出、取材すると「楽勝ムードだったはずなのに」「こんなはずではなかった」と嘆く声ばかり。苦戦する先輩学生を見た22年卒の就活生は、3年生夏から例年以上にインターンシップに参加しようとします。ところがこちらも少数激戦となり、志望するインターンシップに参加できなかった就活生が続出します。彼らもやはり「2年上の先輩には就活など楽勝と聞いていた」「こんなはずでは（以下略）」。楽勝ムードだったはずなのに、結果は大苦戦。「安い」と言われて入った居酒屋がぼったくりだった様に実に似ています。

ぼったくりであっても、サービス満点であっても、学生は居酒屋に入店、もとい、就活をしなければなりません。

特徴はダブル氷河期・一括なき採用・ウソだらけ

それでは、アフターコロナの就活はどんな特徴があるでしょうか。私は、**「ダブル氷河期」「一括なき新卒採用」「ウソだらけ」**、この3点が特徴と見ています。

「ダブル氷河期」とは、就活生が苦戦する、という意味での就職氷河期と、採用担当者が苦戦する、という意味での採用氷河期が同時進行することを指します。なお、採用氷河期を言い換えれば就活生が有利となることを意味する売り手市場となります。つまり、２０２２年卒は就職氷河期、売り手市場の採用氷河期という本来なら方向性が逆のものが同時進行する、複雑な状況となります。

この前書きから読んでいる方（特に就活生）は「就職氷河期になるとは聞いているけど、ダブル氷河期なんて聞いたことがない」「売り手市場って、それはいくら何でもウソだろう」などと不思議に思うかもしれません。しかし、ダブル氷河期となるのは確実であり、その情報を就活生は知っておく必要があります。

「一括なき新卒採用」とは、採用時期の分割化（言い換えれば通年採用）への移行です。日本の就活を企業側から見たとき、よく「新卒一括採用」と表現されます。

このキーワードが登場するのは、だいたいがネガティブなニュアンスで使われるときです。

「日本は慣行として新卒一括採用が続いているが、これにより柔軟な人材が育たない」云々。日本の新卒採用の手法に問題点があることは確かです。ただ、時期が固定化されている、という意味での「新卒一括採用」は２０１０年代に入ってから徐々に崩壊しています。これはアフターコロナの就活についても全く変わりません。

この採用時期の分割化は、なぜか、多くの学生にはあまり伝わっていません。その結果、就活のピークを把握できないまま、時期を逃す学生が毎年出ています。

最後の「ウソだらけ」は就活のノウハウ、就活に対する議論などについてです。就活は時代とともに変化していきます。本質は変わりませんが、それでも細かい部分での変化はあります。中には大きく変わった点もあります。

ところが、就活というのは多くの社会人が経験しているため、誰もが一家言あります。そのため、自身の経験が現代にも通じる、と思い込んでアドバイスすることが多々あります。それが善意からくるものとは言え、結果として、学生の判断を誤らせることがあります。

これは企業の採用担当者、大学キャリアセンター職員、就職情報会社の社員なども同様です。就活（企業側からすれば採用）を10年以上、担当する人はごく少数しかいません。それにどうしても、所属企業、大学、団体などの属性に引っ張られて、大勢《たいせい》を見逃していることが多々あります。

特に志望動機については、過去（特に20年以上前）と現代とでは、その重要性が大きく変わった、と言っていいでしょう。にもかかわらず、いまだに「エントリーシートでも面接でも志望動機が一番重要」と大真面目に力説する就活カウンセラーやキャリアセンター職員のなんと多いことか。

では、どのあたりが正しく、どのあたりがウソなのか、なぜそのウソが真実であるかのごとく語られているのか。本書ではこれを明らかにしています。

アフターコロナの就活マニュアルをニュートラルな視点から

本書は、アフターコロナの就活についてのノウハウ、マニュアルをまとめた新書です。コロナショック後に刊行された新書としては本書が初となります。この前書きから読んでいる就活生も多いでしょうから、著者である私の自己紹介もしておきましょう。

私は2003年から大学ジャーナリスト、という肩書で大学や就活の取材を続け、2021年で19年目になります。大学、就活とこれに関連するテーマである教育、転職・キャリアの4つが専門。ここから外れた記事はほとんど書いたことがありません。著作は本書で30冊目になります。

テレビ出演は年に30回くらいで、大学や就活関連で何かあれば、急に呼ばれて、「ひるおび！」（TBS系列）、「バイキングMORE」（フジテレビ系列）、「ゴゴスマ」（TBS系列）などに出演しています。

また、2014年から「Yahoo!ニュース 個人」というネットメディアニュースで定期的に記事を書いています。書いた記事の一部はヤフトピに入り、SNSで良くも悪くも話題になります。2019年以降はだいたい月1回くらいのペースでヤフトピ入りしています。自分の記事だけでなく他の記事にも「Yahoo!ニュース」では公式コメント投稿が可能であり、関連記事によくコメント投稿をしています。２０１８年には「Yahoo!ニュース 個人 オーサーコメントアワード」という賞を受賞しました。

私の強みは（なんて書くと自己ＰＲのようですが）、18年にわたって、就活と大学を観察し続けていることです。就活は学生だけでなく企業、大学、あるいは就職情報会社、国・政府や自治体など、様々なプレーヤーが複雑に関わっています。私はそのいずれにも所属することなく、ニュートラルな視点で観察を続けています。そもそも、18年以上も就活を観察し続けている社会人はごくわずかです。さらに、ニュートラルな視点を持っているのは、海老原嗣生《つぐお》さん、曽和《そわ》利光さんなど何人か、というところ。

さらにさらに、大学も併せて観察し続けているのは、私くらいなものでしょう。

本書は、そうした著者の手によりまとめたアフターコロナ就活のノウハウ本です。誰かの利害のために、ではなく、学生の利益を第一に考えてまとめました。

皆さんの就活の一助となることを強く願いつつ、本文に入るとしましょう。

石渡嶺司

目　次

第5章 しょぼすぎるエントリーシートはこう変えよう

第1章　就活時期はウソだらけ

就活のホンネとタテマエ

世の中にはホンネとタテマエというものがあります。ホンネだけで通そうとすると疲れますし、タテマエだけだとホンネが見えずに損をしてしまいます。

このホンネとタテマエ、両方知っておかないと、損をする、というのが社会ではよくあります。就活も同じ。ホンネとタテマエ、両方知っている学生は間違いなく、得をします。

「大人って汚い」「就活はウソだらけ」と思うかもしれません。が、汚くても、ウソだらけでも、就活はホンネとタテマエが入り混じっています。

では、どこからどこまでがホンネで、どこからどこまでがタテマエか。この差が曖昧なのが就活時期なのです。

ところが、この就活時期も、次の章で説明するインターンシップも、はっきりと整理して提示している大学、就職情報会社、企業（採用側）は多くありません。ついでに言えば、新聞を含むマスメディアも。

理由は簡単で、それぞれ様々な利害関係が入り混じっているからです。そのため、自身に都合の悪い話はどうしても伏せがちになります。

その点、私は大学、就職情報会社、企業、いずれにも所属しておらず、利害関係もありません。ニュートラルな視点で、就活時期について整理していきます。

就活ルールというタテマエ

まず、日本の大卒就活の時期はいつか、というところから整理していきます。

大卒就活の時期は、2021年卒については以下のようになっていました。

【2021年卒の就活時期・その1（就活ルール上）】

2020年（3年生）3月1日　広報解禁
2020年（4年生）6月1日　選考解禁
2020年（4年生）10月1日　内定解禁

広報解禁は合同説明会や企業説明会などの解禁日、選考解禁は面接などの解禁日、内定解禁は内定を学生に出す日であり、多くの企業がこの日に内定式を実施します。

さて、これはあくまでも就活ルールの上でのスケジュールです。一方、コロナショック前に想定されていたスケジュールは次のものでした。

【2021年卒の就活時期・その2（コロナショック前の想定）】

2019年（3年生）7月～8月　インターンシップ開始
2019年（3年生）9月～12月　秋インターンシップ開催／ベンチャーなどで選考開始
2020年（3年生）1月～2月　冬インターンシップ開催／インターンシップ合同説明会／一部大手で選考開始
2020年（3年生）3月1日　広報解禁
2020年（3年生）3月上旬　合同説明会・大学内の合同説明会が集中
2020年（3年生）3月中旬　大手企業の一部で説明会開始
2020年（4年生）4月　準大手企業などで選考開始
2020年（4年生）5月　大手企業の大半で選考開始
2020年（4年生）6月1日　選考解禁
2020年（4年生）6月上旬～中旬　内々定出し
2020年（4年生）6月下旬　内々定出しが終了
2020年（4年生）7月～8月　東京オリンピック／採用選考は一時中止
2020年（4年生）9月　一部で補充選考

2020年（4年生）10月1日　内定解禁

一気に項目が増えました。インターンシップの説明は第2章でします。とりあえず、ここでは秋・冬のインターンシップは就業体験ではなく、実質的には企業説明会・セミナーと思ってください。

選考解禁である6月の前にも選考開始の時期が4期もあります。これは要するに、選考解禁より前倒しで選考を実施する企業が多いからです。

「いや、就活ルールで時期が決まっているはずなのにおかしい」と読者は考えるかもしれません。そうです、**就活ルールで決まっているにもかかわらず、実際は就活ルールとは別のスケジュールで動く企業が多いのです。**

説明会・選考時期は法律で決まっていない

ここで学生が誤解していることを先にお断りしておきます。

日本の就活時期は法律で規制されているわけではありません。もっと言えば、法律で規制することは不可能です。どうしても、というのであれば、現在の憲法第21条（集会の自由、結社の自由、表現の自由、検閲の禁止、通信の秘密保障）、第22条（職業選択の自由、居住移転の自由、外国移住及び国籍離脱の自由）を改正して、就活時期などの制限を加える必要があります。

日本の大卒採用は1915年ごろに定着しました。それから100年以上の歴史がありま す。その間、就活時期を規定する動きは何度もありました。が、いずれも法律ではなく、企業間ないし経済団体の自主ルール（紳士協定）という形でまとめられています。当然ながら、法律ではないため、破っても罰則がありません。そのため、就活ルールは1928年に日本で最初の就職協定が発表されてから、できては潰れ、潰れてはできて、の繰り返しです。

就活ルールの前には、就職協定という名称で時期が定められていました。これが1996年に廃止が決定。一度、自由化となりますが、大学3年生の秋ごろにスタートする、というところで定着し、これが2012年卒まで適用されます。

その後、何度か変わり、2017年卒から「2021年卒の就活時期・その1（就活ルール上）」にあるように、「3年生3月広報解禁・4年生6月選考解禁」となりました。

【就活時期の変遷】

2003年卒～12年卒	3年生10月広報解禁・4年生4月選考解禁
2013年卒～15年卒	3年生12月広報解禁・4年生4月選考解禁
2016年卒	3年生3月広報解禁・4年生8月選考解禁

ところで、この就活時期は、2003年卒から20年卒までは経団連（日本経済団体連合会）が策定を担っていました。しかし、2018年に経団連は採用指針（就活ルール）の廃止を決定します。そこで21年卒からは政府が就活ルールを策定することとなりました。しかし2020年10月には、23年卒までは経団連が策定した就活ルール継続とすることが決まります。

政府が就活ルールを策定するのであれば、強制力があるのでは、とお考えの方もいるでしょう。しかし、政府でも経団連と同じで、あくまでも目安にすぎません。

仮に、ですが、就活の時期や企業説明会の開催、OBOG訪問などを法律で細かく決めたとしましょう。では、どこからどこまでがセーフで、どこからがアウトなのか。

例えば、会社説明会という名称での企業情報提供がアウトでも、セミナーや仕事体験講座など別の名称ならいいのか、という話にもなります。

OBOG訪問も同様です。仮に就活時期前の接触を禁止しても、「個人的に会っていただけ」と学生・企業双方が言い張ったらどうでしょうか？　それを取り締まるのは憲法第21条に抵触することになりかねません。

セクハラやパワハラ、内定取り消しなどはそれぞれの法律で定められており、罰則もあります。しかし、就活時期については、過去100年、検討されることはあっても、結局のところ、無理であり、罰則のない就活ルール・就職協定が落としどころになっています。罰則がないため、だったら無理に従う必要はない、と多くの企業は考えるのです。

それでも、戦後すぐの1952年から81年までは国・労働省（当時）が就職協定の策定に関わっていました。しかし、協定を順守しない企業が多い、として、81年には労働省が就職協定の策定から脱退してしまいます。

法律制定・罰則規定を設けられないのであれば、いっそ完全自由化にすればいい、と考える学生もいるでしょう。

これも、一部の識者や企業は検討したことがあります。ところが、就活ルールはなければないで、「目安がない」として、多くの企業や学生は完全自由化には否定的です。

かくして、**「あっても誰も守らない」「でもなければないで困る」、就活ルールがずっと続いているのです。**

大学が「広報解禁は選考解禁とほぼ同じ」と言い切れない理由

学生からすれば、「大学キャリアセンターの就職ガイダンスで、就活ルールがウソまみれなんて話は一言も聞いていない」と憤ることでしょう。

あるいは、「なぜ、本当のところを最初から説明してくれないのか」と思うかもしれません。これは大学側の面子《メンツ》が問題です。

就活ルールの策定は、経団連が策定した戦後からずっと、大学側の団体も関わっています。2018年に経団連は降板を決めますが、翌19年1月には経団連と大学が「採用と大学教育の未来に関する産学協議会」を設置、採用と教育の在り方を協議しています。

しかも、2016年卒の「3年生3月広報解禁・4年生8月選考解禁」は大学側が「就活は学業を阻害している」、いわゆる学業阻害論を主張したこともあって、変更となりました。

それが2015年に16年卒の就活が進むと、8月の選考解禁以前に内々定出しをする企業が相次ぎます。学生からも8月の暑い時期にリクルートスーツなんて着ていられない、と批判が相次ぎます。それもあって、同年、17年卒から「3年生3月広報解禁・4年生6月選考解禁」に変更となります。

しかし、この変更も大学側、特に2016年卒の時期変更を主導した学長などからは不評でした。変更直前の11月、読売新聞記事にコメントを出した就職問題懇談会座長だった立教大総長は「時期変更は控えるべき」と批判しています。

「今年の就活の実態が検証されていないのに、選考解禁時期を繰り上げるのは拙速で、一層の混乱を招く。来年からの時期変更は控えるべきだ。

選考解禁が授業期間中の6月になると、学生の授業への出席が困難になる。選考が7月まで続けば、学内試験と重なり、卒業に影響する」（2015年11月3日・読売新聞朝刊「経団連の日程見直し案　選考解禁『6月』に賛否」）

同記事には、就職情報会社である文化放送キャリアパートナーズ研究員・平野恵子氏のこんなコメントも掲載されています。

「今年、日程が守られなかったことについて、財界は『日程は政府が決めた』、政府は『大学が要望した』、大学は『企業が守らなかった』と、誰も責任を取ろうとしない。その割を食うのは学生であることを忘れないでほしい」

図らずもこの記事掲載から5年後の2020年、21年卒の就活生がまさに割を食うこととなってしまいました。

私が全国の大学キャリアセンター教職員に取材すると、ほぼ全員が口を揃えて言います。

「就活時期はどこに持ってきてもモメてしまう。どの時期だとマイナスが少ないのか、それを考えていくと、2003年卒～12年卒の3年生10月広報解禁、4年生4月選考解禁が一番いい」

私も同感です。2020年卒の就活時期・21年卒の就活時期（コロナショック以前の想定）は、現実には3年生10月広報解禁、4年生4月選考解禁と重なっています。

「だったら、この現実に合ったスケジュールに変えたらどうですか？」

こう話すと、10・4案が現実的と話すキャリアセンター教職員は全員、渋い顔をしました。

「学長が認めない」「大学教員から『就活を早めてまた学業を阻害する気か』と反対論が出る」

10・4案から3・8案に変えることに熱心だった西日本某大学のキャリアセンター職員はこうも話してくれました（10・4、3・8は、「広報解禁」・「選考解禁」月の省略形）。

「いや、キャリアセンター内では、ほぼ全員が10・4案に賛成です。現実のスケジュールもこうなっていますし。しかし、うちは当時のキャリアセンター長が3・8案に変えるのに熱心でした。彼は今、この『功績』で大学経営陣の一人です。下手に10・4案を出すと、彼の面子を潰すことになってしまいます。当の本人も『3・8案が正義。それを守らない企業が悪い』と話すほどですし……」

かくして、現行の蜃気楼のような就活ルールはずっと維持されることになるのです。

メディアも伝えられない

ところで、前項で引用した読売新聞は、2010年3月30日から毎週火曜日朝刊に「就活

ON！」と銘打って、1ページ全てを就活記事で埋めています。

２０１７年２月からは毎月第１火曜日を「就活ON！SPECIAL」として３ページに拡大する熱の入れようです。

就活記事が多いのは、日本経済新聞も同様で、毎週月曜が教育面・18歳プラス面・女性面、毎週水曜が大学面で、それぞれ就活関連記事を入れることがあります。他に火曜夕刊で「就活のリアル」コラム連載を掲載しており、隔週で海老原嗣生氏・上田晶美《あけみ》氏が担当しています。

他にも第４章94ページにまとめたように、全国紙は教育面や雇用関連の面を設けており、そこで就活記事がよく掲載されています。それから、学割・就活割、あるいは電子版の割引キャンペーンなども各紙が展開しています。つまり、学生はその気になれば、安価に、就活についての良質な情報を入手することができるのです。

ところが、多くの学生は新聞をまず読みません。２０１７年の総務省調査によると、利用状況を示す行為者率（ある情報行動を行った人の比率）は、平日・ネット利用は10代88・５％、20代95・１％に対して、新聞閲読（購読だけでなく図書館利用なども含む）は10代３・６％、20代７・４％と壊滅的です。

これではいくら新聞に優良な就活の情報が出ていても、学生は気づくわけがありません。

メディアがいくら学生に就活の情報を伝えようとしても、伝わらないのです。

また、新聞やテレビなどが出す就活の情報、全てが優良というわけではありません。例えば、この就活時期については、いまだに「経団連であれ、政府であれ、就活ルールがある以上は企業が従うべき」と主張するメディア関係者がいます。

それがいかに現実離れしているかは、この章を読めば明らかです。ところが、「企業が悪い」と思い込んでいるメディア関係者、例えば新聞社の幹部クラスだと、「就活ルールを順守しない企業にも責任が求められる」的な記事を出してしまいます。

私も過去に新聞メディアで就活コラムを出したところ、「就活ルールを守らない企業を是としている」との理由でNGとなったことがたびたびあります。あるときは「なお就活ルール（就職協定／倫理憲章）とは〜」という注釈を付け加えることになりました。また、あるときは「うちの編集方針なので」と全面書き換えを要求されたので「現実離れした記事を出したがる編集方針には合わないので」とさっさと降板してしまいました。就活生の皆さんには、もっと世渡り上手になることをお勧めします。

ただ、多くの記事や番組は就活生には有益です。就活時期について、メディアは就活生に対して「伝えられない」よりは「伝わらない」という方が正確でしょう。

２０２１年卒就活の天国と地獄を分けたもの

就活時期について話を戻すと、２０２１年卒就活は、インターン組、出遅れ組で明暗が分かれました。

さらに、出遅れ組は、もがきグループと絶望グループで傾向が違いますので、こちらでも明暗が分かれました。

それでは、インターン組の就活時期について説明していきます。

【２０２１年卒の就活時期・その３（インターン組）】

２０１９年（３年生）７月〜８月　インターンシップ開始→参加または不参加
２０１９年（３年生）９月〜12月　秋インターンシップ開催→参加
２０２０年（３年生）１月〜２月　冬インターンシップ開催→参加／インターンシップ合同説明会→参加／大手企業の一部で選考開始→参加
２０２０年（３年生）３月１日　広報解禁→コロナ禍で合同説明会・学内合同説明会が軒並み中止
２０２０年（３年生）３月上旬　ウェブセミナーなどで情報収集
２０２０年（３年生）３月下旬〜４月　大手企業の一部・準大手などでウェブ面接開始→参加
２０２０年（４年生）４月下旬〜５月上旬　準大手企業の一部で内々定

2020年（4年生）5月中旬～下旬　大手企業の一部で最終選考→内々定
2020年（4年生）6月1日　選考解禁／大手企業の多くで最終選考→内々定
2020年（4年生）5月中旬～6月中旬　内定承諾書提出・就活終了

インターン組も、細かく分けると、夏のインターンから内々定を得たグループと、秋冬のインターンから内々定を得たグループに分かれます。既出の記事や、就活の専門家によっては、分けていますが、ここではまとめて「インターン組」とします。

3年生夏のインターンであれ、秋冬のインターンであれ、インターン組の特徴は動き出しが早かった、という点にあります。

それと、大学の勉強にも熱心に取り組む学生が多い。そのうえで、サークル、部活、アルバイトなど何か（あるいは複数）に打ち込む、というのも大きな特徴です。就活＝学業を阻害している、と信じて疑わない大学教員からすれば意外かもしれません。

さて、インターン組は、3月の広報解禁より前に企業と接触。企業側も、学生の連絡先などを把握しています。

その結果、コロナショックにより、3月の広報解禁で合同説明会・学内合同説明会や企業説明会が中止となっても、インターン組の学生はほとんど影響を受けませんでした。企業がウェブセミナーやウェブ面接を展開するときに、インターン組の学生に連絡することができたからです。３月であれば、首都圏・関西圏の企業によっては、少人数での対面式の説明会・面接を実施するところもありました。

その後、３月下旬から４月にかけて選考が始まります。その後、４月中旬の緊急事態宣言や外出自粛により、首都圏・関西圏の企業は対面式の面接やセミナーが完全に止まりました。しかしインターン組の場合、ある程度、選考が進んでいます。対面式の面接がウェブ面接になった、という変更はあるにせよ、面接そのものがなくなったわけではありません。

緊急事態宣言が解除されはじめた５月中旬以降に面接が再開。最終選考を対面でやるのか、ウェブでやるのか、そこは各社判断が分かれました。

どちらにしても、インターン組は、６月の選考解禁より前に内々定を得る学生が多くいたのです。

大手企業によっては、最終選考のみ６月の選考解禁後に実施しました（例年通りと言えば例年通りです）。

インターン組の学生は、その多くが５月中旬から６月中旬までに内定承諾書を提出、就活を終了していました。

出遅れ組の大苦戦

それでは、キリギリス、もとい、２０２１年卒の出遅れ組のスケジュールについて振り返ります。

【2021年卒の就活時期・その4（出遅れ組／4月まで）】

2019年（3年生）7月～8月　インターンシップ開始→不参加
2019年（3年生）9月～12月　秋インターンシップ開催→不参加
2020年（3年生）1月～2月　冬インターンシップ開催→不参加、または1回程度の参加
　　　　　　　　　　　　　インターンシップ合同説明会→不参加、または1回程度の参加
2020年（3年生）3月1日　広報解禁→コロナショックで合同説明会・学内合同説明会が軒並み中止→就活の情報が取れない
2020年（3年生）3月上旬　ウェブセミナーなどが始まる→案内が来ない
2020年（3年生～4年生）3月下旬～4月　大手企業の一部・準大手などでウェブ面接開始→参加できず

2月までのスケジュールにあった、インターンシップやインターンシップ合同説明会は、インターン組と異なり、ことごとく不参加。1月～2月にインターンシップやインターンシ

ップ合同説明会に参加するとしても、ごくわずか。これが出遅れ組の特徴です。就活に打ち込めなかった事情は部活など様々。

ただ、出遅れ組に対して私はあまり同情できません。仮に部活などがあるにせよ、ちょっとでも就活の情報を取ろうとする意欲がインターン組に比べて、はるかに低い学生が多い、これも特徴だったからです。

関西圏の私立大に中野君という学生がいました。彼は食品業界を志望。あるご縁で私は何度か、彼とやり取りすることになりました。中野君は大手の食品メーカーを志望していたので、私は目についた食品メーカーの情報を伝えていきました。

「今度のインターンシップ合同説明会にはA食品が参加している。行ってみたらどう？」

「×社の就活セミナーでB飲料が講演するみたい」などなど。

関連企業や業界研究セミナーなども含めて、確か５回、伝えました。日程は全部異なります。なお、A食品もB飲料も、中野君の志望企業です。

さて、中野君は５回中、何回行ったでしょうか。答えはゼロ。全て理由を付けて行きませんでした。彼の言い分は「部活が忙しい（２月に？）」「先輩は３月から動いて十分間に合った」というものでした。

２月も中旬に入ると、コロナショックで３月の合同説明会は軒並み中止になるのではないか、という噂が出回りました。もし、現実になれば2月のインターンシップ合同説明会が学生にとって企業情報をまとめて取れる、最後のチャンスになります。

このことも伝えたのですが、中野君は「大丈夫ですよ」でおしまい。そこまで頑ななならば私も無理に付き合う義理はありません。その後の音信は不通となりましたが、3月以降は相当苦戦し、志望企業は選考ルートにすら乗れなかった、とは聞いています。

出遅れ組とインターン組を大きく分けたもの、それはインターンシップに参加していたかどうかでした。

インターン組であれば、インターンシップに参加しています。企業はそこで学生の個人情報を摑んでいるので、個別のセミナーや選考についての案内を出すことが可能です。

一方、出遅れ組はインターンシップにはほぼ参加していません。そうなると、企業は学生の個人情報を摑んでいないので、案内の出しようがないのです。

これが平時であれば、リクナビ、マイナビなど就職情報サイトに登録、各企業のページを見ていけば説明会・セミナーなどの情報が出ていました。そこから、企業の情報を取っていき、選考に参加すれば、十分でした。

ところが、コロナショック後の3月には、説明会・セミナーなどが首都圏・関西圏の企業では軒並み中止に。こうなると、出遅れ組の学生は情報を取りたくても取れません。

かくして、インターン組と出遅れ組の格差は3月広報解禁の時点ですでに広がっていたのです。

もがきグループは結果を出す

出遅れ組は文字通り、出遅れることになってしまいました。その出遅れ組の中でも、もがきグループと絶望グループ、2グループに分かれます。

もがきグループは、出遅れ組の中でも、就活はうまく進めることができました。その反面、絶望グループは、コロナショックで絶望的になり、さらに就活の時機を逃してしまったことが特徴です。では、まず、もがきグループの就活時期（3月以降）を振り返りましょう。

【2021年卒の就活時期・その5（出遅れ組・もがきグループ）】

2020年（3年生）2月以前　特に活動せず

2020年（3年生）3月1日　広報解禁→コロナショックで合同説明会・学内合同説明会が軒並み中止→就活の情報が取れない

2020年（3年生）3月上旬　ウェブセミナーなどが始まる→案内が来ない→このあたりからインターン組の友人経由などで情報を取ろうとする学生が出てくる

2020年（3年生～4年生）3月下旬～4月　大手企業の一部・準大手などでウェブ面接開始↓参加できない↓ウェブ合同説明会などに参加する学生が増加

2020年（4年生）4月中旬～5月上旬　緊急事態宣言・外出自粛↓採用の動きが一度、止まる↓採用担当者・就活関係者などがＺｏｏｍでセミナー・相談会を展開↓もがきグループの学生、参加するようになる

2020年（4年生）5月中旬～下旬　追加の企業セミナー・説明会などの開催が増える↓もがきグループの学生、参加するようになる

2020年（4年生）6月1日　選考解禁

2020年（4年生）6月上旬～中旬　内々定出しのピーク（平時）↓例年以上に、追加の企業セミナー・説明会などの開催が増える↓例年以上に、補充選考のボリュームが拡大↓もがきグループの学生、説明会・選考ともに参加

2020年（4年生）6月中旬～7月上旬　内々定出しのピーク（2020年の結果）↓もがきグループの学生、内定承諾書を提出し就活終了

もがきグループは、本当にもがいてもがいて、苦しみながらも動き回った、それが結果を出したグループです。

もがきグループの中でも、動き出した時期は、3月、4月中旬～5月上旬、5月中旬～6月中旬の3期に分かれます。

まずは3月から。合同説明会は軒並み中止となった反面、企業単独のウェブセミナーや面接が就職情報サイトに出ない形で進んでいきました。インターン組の友人などがいる学生はこうした情報を取ることができ、選考ルートに乗る学生もいました。

それから、合同説明会も対面式ではなく、ウェブ開催が登場しました。3月1日広報解禁日にはマイナビが唯一、就職情報会社主催のウェブ合同説明会を開催しています。それ以降では、ベンチャー企業が主体となって開催する例が増えていきました。

次に、4月中旬から5月上旬にかけて。この時期は4月7日に出た緊急事態宣言（当初は1都6県／4月16日からは全国、5月6日まで）が大きく影響しています。

この緊急事態宣言の影響で企業側も、選考意欲があっても、選考を一時中断としていきました。採用担当者もその多くは自宅でのテレワーク、または、自宅待機となりました。テレワークと言っても、面接などの選考は一時中断、新入社員研修などもその大半が中止かオンライン化。となると、仕事が多いわけではありません。要するに暇となってしまいました。

これは就活カウンセラーや採用関連のコンサルタントなども同様です。付言すれば私も同じ。暇潰しとオンライン対応の練習を兼ねて、この時期には、オンラインによる就活相談会や勉強会が採用担当者や就活関係者主導で開催されていくようになりました。

これも、あくまでも非公式の相談会・勉強会なので、リクナビなどには出ていません（出るわけがない）。

私もこの時期からＺｏｏｍを使うようになり、自ら就活相談会を開催したり、他の就活相談会に定期的に参加させてもらうなどしています。

こうした就活相談会や勉強会の情報を友人経由で入手・参加したもがきグループの学生は採用担当者が公式には言えない話を聞けたり、ニュートラルな立場からのアドバイスで覚醒していきました。

最後の分岐点が、5月中旬から6月中旬にかけてです。例年であれば、5月中旬から下旬にかけては選考がどんどん進みます。そして、選考解禁後の6月上旬から中旬にかけては最終選考のラッシュとなる反面、会社説明会・セミナーはどんどん細っていく時期です。

しかし、２０２１年卒就活は例外の年となりました。緊急事態宣言が出ている間、早期に選考を進める予定だった企業も、一度は中断してしまいます。これは新卒採用中止に踏み切るほど経営状況が厳しくなった、航空会社だけでありません。採用意欲のある企業も同じです。そして、選考を再開した時期は緊急事態宣言が部分的に解除された5月中旬ごろから。

これでまず、選考やピークが例年よりも結果的に後ろ倒しとなりました。

しかも、出遅れ組が多く、企業の情報を入手していない、という学生は企業側の想定を上回っていました。そこで企業によっては、選考解禁後に、改めて説明会・セミナーを開催するようになったのです。この追加開催の説明会・セミナーは就職情報サイトに掲載されることもあれば、大学キャリアセンターに伝えられることもありました。

この情報を、もがきグループの学生はあきらめずに、就職情報サイトやキャリアセンターのサイトを定期的に確認するようにしていたことから入手していきました。

絶望グループは時機を逃す

それでは、同じ出遅れ組でも、絶望グループはどうだったか、振り返ります。

【2021年卒の就活時期・その6（出遅れ組・絶望グループ）】

2020年（3年生）2月以前　特に活動せず
2020年（3年生）3月1日　広報解禁→コロナショックで合同説明会・学内合同説明会が軒並み中止→就活の情報が取れない
2020年（3年生）3月上旬　ウェブセミナーなどが始まる→案内が来ない
↓就職情報サイトを確認する程度
2020年（3年生～4年生）3月下旬～4月　大手企業の一部・準大手などでウェブ面接開始→参加で

きない↓ウェブ合同説明会などにも参加しない

２０２０年（４年生）４月中旬～５月上旬
緊急事態宣言・外出自粛↓採用の動きが一度、止まる
↓採用担当者・就活関係者などがＺｏｏｍでセミナー・相談会を展開↓気づかないか、気づいても参加しない

２０２０年（４年生）５月中旬～下旬
追加の企業セミナー・説明会などの開催が増える
↓絶望グループの学生、参加しない

２０２０年（４年生）６月１日
選考解禁

２０２０年（４年生）６月上旬～中旬
内々定出しのピーク（平時）
↓例年以上に、追加の企業セミナー・説明会などの開催が増える↓「例年通りだろうからもうチャンスはない」と絶望グループが動かない

２０２０年（４年生）６月中旬～７月上旬
内々定出しのピーク（２０２０年の結果）
↓絶望グループの学生、ようやく気づくも手遅れ状態に

もがきグループが分岐点となった3月、4月中旬～5月上旬、5月中旬～6月中旬の3期それぞれで、絶望グループは「もうダメだ」と思い込んでしまいました。その結果、好機を逃してしまっている点がこの絶望グループの特徴です。

このうち、3月、4月中旬～5月上旬は就活生の交友関係や情報入手ルートが限られてい

たことが影響しています。具体的には、就活に熱心だった友人が周囲にいない、就職情報サイトなど限られたメディアしか見ない、大学キャリアセンターを活用していない、などです。

大学キャリアセンターは首都圏・関西圏の大学だと、コロナ感染防止のために大学自体を封鎖。就活生が出入りできなくなったことも影響しています。

一方、5月中旬〜6月中旬の時期については、交友関係、情報入手ルートに合わせて「恥ずかしさからの敬遠行動」「例年通りという勘違い」の2点あります。

「恥ずかしさからの敬遠行動」は、キャリアセンター職員やカウンセラー、就活相談に乗ってくれた卒業生や親戚などを敬遠してしまう行動を指します。

これはコロナショック以前から、毎年、就活生の一部で起きていました。この敬遠行動を取ってしまう就活生の言い分は、こうです。

「あれだけ就活でお世話になったのに、結果を出していない自分が恥ずかしい、顔向けできない」

大学キャリアセンターも含め、就活がうまくいかないときこそ、使う方が間違いなく得をします。

私がこの敬遠行動を見つけ、キャリアセンター職員に伝えると、何人かはショックを受けていました。一方で、別の見方をするキャリアセンター職員もいました。

「恥ずかしい、というところは、もっと言えば、就活での失敗を認めたくないだけでしょう。失敗の対処方法をわかっていないのですよ」

きつい言い方ですが、私も同感です。

後者の「例年通りという勘違い」は２０２１年卒就活ならでは、と言えます。20年卒以前で6月が選考解禁だった年だと、内々定出しのピークは6月上旬から中旬にかけてとなります。この前後に説明会・セミナーが多くなる、ということはまずありません。6月上旬以降だと選考は最終選考くらいで、1次選考を改めて実施する、という企業は多くありません。

この流れは例年通りで今年も同じだろう、と勘違いしてしまったのが絶望グループの特徴です。

前述のように、実際は、コロナショックによる選考中断の影響で２０２１年卒就活は結果的には後ろ倒しとなりました。そのため、内々定出しのピークは6月中旬から7月上旬に移動。選考解禁直後の6月上旬から中旬にかけては、改めて説明会・セミナーを実施する企業も例年以上に多かったのです。

出遅れ組は、「3月の広報解禁に合わせて就活を始めれば間に合う」という勘違いから、出遅れることになりました。

この出遅れ組の中でも絶望グループは、「6月の選考解禁以降は説明会・セミナーも選考も細っていく」という例年通りの流れが今年（2020年）も同じ、という勘違いで、損をすることになってしまったのです。

「一括採用」は崩壊している

2021年卒就活で時期についてもう1点、付け加えると、新卒一括採用を真に受けるか、幻想と見るか、の違いです。

大別すれば、出遅れ組は前者、インターン組の大半は後者です。

日本の就活／採用の形態は新卒一括採用と言われています。採用時期が年1回、まとまっており、入社時期も同じ。企業からすれば人材育成に効率的になれる、ということで日本の大卒新卒採用が定着した大正時代から現代まで約100年間、続いています。

ただし、1990年代後半から現在まで、採用／就活時期が同じであり、それだと均一の人材しか採用できない、など批判的な文脈でよく使われます。

例えば、堀江貴文氏が2020年9月に刊行した『将来の夢なんか、いま叶えろ。』（実務教育出版）の中では、「誰得で、あんな非効率で粗悪なルールが残っているのか？　僕にはさっぱりわからない」とばっさり、斬り捨てています。

経団連も中西宏明会長が「『新卒一括採用』にこだわらず、企業は通年採用を拡大し、門戸を常に広げておいた方がいい」（2020年6月16日・朝日新聞朝刊「コロナ禍での就活や大学教育、語る」）とコメントしています。

ただ、この一括が「選考時期も入社時期も一括」という意味であれば、もう崩壊している、と私は見ています。

では、選考時期はどうなっているのか、と言えば、大学入試と同じです。例えば、国立大学であれば、一般入試は前期、後期の2回。他にAO入試、推薦入試（2020年度からは総合型選抜・学校推薦型選抜）も合わせると、合計4回、入試時期があります。

就活もこれと同じで、選考時期を分割する企業が、2016年前後から増加しています。

元々、大企業でも、選考解禁以降に公務員志望からの転換組・留学からの帰国者などを対象とする補充選考は多くありました。それから、なかなか学生が集まらない中小企業だと、結果的に選考時期を複数回、設けるしかなかった、という事情があります。

2016年前後からは、この補充選考を含めて選考時期を分割する企業が増えています。

採用担当者の間では、選考時期を分割しても、手間暇が増えるだけ、というのが新卒一括採用の論理として強くありました。

それが変わったのは長引いた売り手市場と学生の多様化です。

リーマンショック後、日本の就活は氷河期となります。それが、2013年卒ごろから売り手市場に転換し、2020年卒まで長く続きました。売り手市場で企業側は採用を増やしたい、でも、採用基準を下げるわけにはいきません（売り手市場の中盤〜終盤では下げる企業も増えていきましたが、ここでは省略します）。

そうなると、選考の手間暇が増えても、選考時期を分割する、という手法しかなかったのです。それに、選考時期を分割化したことで、多様な学生を採用できるメリットにも企業側は気づいていきました。

そのため、この採用時期の分割化はコロナショック後も続く、と見られています。選考時期を分割、というのは、表現を変えれば「通年採用」に他なりません。

堀江氏が批判し、経団連が変えようとしていますが、何のことはない、日本の新卒採用はすで通年採用となっているのです。

なお、新卒一括採用は、入社時期も含めての意味もあります。これは変えるとなると、採用担当者・研修担当者が大幅に増員されるか、欧米型のジョブ型雇用に完全に移行するか、そのどちらか。学生は学生で卒業前に、堀江氏に比肩するほどの専門知識がないと、対応できません。そこまで企業も社会も学生も変わるわけがなく、入社時期も含めての通年化は難しいでしょう。

2022年卒就活はどうなるか

この新卒採用の時期分割化も含めて2022年卒の就活スケジュールをまとめていきます。なお、オリンピックの有無以外は、23年卒・24年卒も同様のスケジュールになるか、若干、早期化する程度の変化でしょう。

【2022年卒の就活時期（20年10月時点での予想）】

2020年（3年生）7月〜8月　夏インターンシップ
2020年（3年生）9月〜12月　秋インターンシップ→選考1期開始
2021年（3年生）1月〜2月　冬インターンシップ→選考2期開始
2021年（3年生）3月1日　広報解禁
2021年（3年生）3月上旬　合同説明会・学内合同説明会が集中→選考3期開始
2021年（3年生）3月中旬　大企業、説明会・セミナーを展開
2021年（4年生）4月　選考4期開始
2021年（4年生）5月　選考5期開始
2021年（4年生）6月1日　選考解禁
2021年（4年生）6月上旬〜中旬　選考5期の最終選考・内々定出しが集中／選考6期開始
2021年（4年生）7月〜8月　東京オリンピック・パラリンピック

２０２１年（４年生）９月　選考７期
２０２１年（４年生）10月１日　内定解禁

政府主導による就活ルール上の選考解禁は６月１日です。ただし、前項で説明したように、実際には選考時期を分割する企業が増加します。

ここでは、２０２０年12月以前に開始する１期から21年９月開始の７期まで、全部で７期あります。

なお、この採用時期はあくまでも目安です。大学受験であれば、受験日が前もって決まっていますし、それ以外の日程で秘密裏に選考をする、ということはできません。これに対して、企業の選考日程は各企業の裁量次第です。しかも、公表する義務がありません。

そのため、この就活時期予想で出した選考時期もあくまでも目安とお考えください。さらに言えば、７回に必ず分ける、というわけではなく、３回に分ける企業もあれば、４回、５回の企業もあるでしょう。２回の企業もあるわけです。

就職情報会社各社も、選考時期をどの企業が何回に分けているか、などの調査はしていません。ただし、選考開始時期、内々定出し時期については調査があり、参考になります。

リクルートキャリア就職みらい研究所が毎年出している調査集である「就職白書」による

と、2020年卒の選考開始時期・内々定出し時期は次の通りでした。

【2020年卒の選考開始時期・内々定時期】

2018年（3年生）10月以前～12月　面接2・5％（10月以前1・6％、11月0・2％、12月0・7％）／内々定2・0％（10月以前1・4％、11月0・1％、12月0・5％）

2019年（3年生）1月～2月　面接8・3％（1月3・4％、2月4・9％）／内々定4・0％（1月1・5％、2月2・5％）

2019年（3年生）3月　面接31・8％／内々定15・4％

2019年（4年生）4月　面接27・3％／内々定24・7％

2019年（4年生）5月　面接10・8％／内々定20・3％

2019年（4年生）6月　面接9・4％／内々定20・6％

2019年（4年生）7月～9月　面接2・3％／内々定4・2％

※参考値5月までの累計　面接80・8％／内々定66・5％

※回答企業数：面接開始時期990社・内々定出し時期988社

同調査では、次のような解説がありました。

「面接開始時期は、現行の採用スケジュールが開始された2017年卒では『4月』が28・

7％と最も高かったが、2020年卒では『3月』が31・8％と、ピークが1ヵ月前倒しとなっている。

内々定・内定出し開始時期は、2017年卒では『6月』が35・2％と突出しているが、2020年卒では『4月』24・7％、『5月』20・3％、『6月』20・6％と開始時期が分散している」

「就職白書」調査は企業側の予定（面接選考・内々定出しの開始時期）も掲載しています。

【企業側の2021年卒採用の時期予想】

2019年（3年生）10月〜12月　面接8・2％（10月以前4・7％、11月1・1％、12月2・4％）／内々定6・4％（10月以前4・0％、11月0・6％、12月1・8％）、

2020年（3年生）1〜2月　面接13・7％（1月5・8％、2月7・9％）／内々定8・2％（1月2・7％、2月5・5％）

2020年（3年生）3月　面接35・0％／内々定20・6％

2020年（4年生）4月　面接25・4％／内々定24・3％

2020年（4年生）5月　面接8・3％／内々定19・3％

2020年（4年生）6月　面接7・3％／内々定16・6％

2020年（4年生）7月〜9月　面接0・8％／内々定2・4％

※参考値：5月までの累計　面接90・6％／内々定78・9％

※回答企業数：面接開始時期808社・内々定出し時期781社

この調査から、選考時期は7期のうち、3年生12月以前の1期、4年生6月開始の6期、7月以降開始の7期は小規模。1月～2月開始の2期も、1・6・7期ほどでないにしても、やはり小規模。3期（3月）・4期（4月）・5期（5月）のいずれかに分散・集中することが予想されます。

「就活白書」調査が惜しいのは、選考時期が複数ある場合、いつといつか、複数回答になっていない点です。

採用の方法・形態という項目では、採用時期について「通年採用」の回答欄があり、該当企業は2021年卒で25・1％ありました。20年卒に比べ、7・6ポイント増加しているので、通年採用／選考時期の分割化が進んでいる、と言えます。

こうした変化を2021年卒の就活生、それもインターン組は理解していました。だからこそ、早いうちに就活を始め、コロナショックの影響を受けずに内定を得ることができたのです。

なお、選考時期の分割化は、企業により異なり、かつ、あまり表面には出てきません。本書の校正作業中となる2020年12月2日、日本経済新聞朝刊に「新生銀行が年6回に採用時期を増やす」との記事が掲載されました。このように明らかになるのは珍しく、大半の企業は説明会・セミナー等で初めて案内します。

インターン組と出遅れ組の格差は２０２１年卒の就活生にも強い影響を及ぼしました。そのため、インターンシップ参加者が大幅に増加しています。しかし、ここでも就活生の知らないうちに就活格差、インターンシップ格差が生まれています。では、その正体は何か、これを次の章で見ていくとしましょう。

第2章 「インターンシップわからん」で就活格差

インターンシップを理解している学生・教員は約2割

前の章で示した2021年卒就活生の明暗を分けたのは、インターンシップでした。これは新聞やニュースサイトでも何度となく登場しています。何よりも22年卒就活生が、1学年上の先輩学生がインターンシップに参加したかどうかで天国と地獄に分かれる、その様相を目の当たりにしました。

その結果、インターンシップへの関心は一気に高くなりました。

ところが、このインターンシップを巡って、2022年卒就活生の間ではすでに就活格差が生まれています。就活生によっては、インターンシップに参加できない、と嘆くことも。

その理由は、インターンシップに対する学生の誤解にありました。

インターンシップとは何かについて、学生に聞くと「就業体験」「仕事体験」「会社の雰囲気を知る機会」などの答えが返ってきます。大学教員、それから大学職員の大半も、同様の回答をします。

このような学生、教員によるインターンシップの定義が現状に合っているか、と言えば正解は2割程度でしょう。

就活生からすれば、インターンシップの定義なんて、と思うかもしれません。ですが、このインターンシップの定義を誤解しているところから、就活格差が生まれています。

それでは、実際のところ、インターンシップはどのようなものがあるか、私が取材・調査した結果を元に、まとめたのが53ページの表です。大きく分けても7項目、さらに細かく分けると32種類もあります。

なお、表のA～Gの7型にそれぞれある小分類（1～6）は、全部実施するわけではありません。例えば、Aであれば、「1～4」を実施する企業もあれば、「1」のみ、という企業もあります。

インターンシップは「仕事体験」だの「会社の雰囲気を知る」だの、わかりやすい定義しか考えていなかった就活生は、ショックかもしれません。

また、A～Gの7型のうち、2ないし3以上の複合型、というものも存在します。例えば、企業の呼称は「仕事体験セミナー」なのに、実際はAということもよくあります。

さらに言えば、これは後述しますが、時期によっても、変わります。

実施期間は、Aは1日が圧倒的に多く、長くても2〜3日程度。B〜Gは1日完結のものもあれば、1週間、あるいは1ヵ月以上のものもあるなどバラバラです。

Bは大学によっては、単位認定科目となっています。その場合、企業などに赴く前には大学内でマナー講習や企業研究などを受講。就業体験終了後はまた大学に戻り、報告書発表なども合わせてします。そうした期間も含めると半年〜1年となります。

「インターンシップ=就業体験」と思い込んでいる方は混乱するに違いありません。私が以前、就活とインターンシップについて取材を受けたとき、こうした細分化をお伝えしたところ、担当記者は、それはそれは混乱していました。

「就業体験だけじゃないのですか。いや、そんなに種類があるとは、ちょっと今、頭の整理がつきません……」

結局、記事では細分化が「就業体験など」と、わずか2文字に圧縮されていました。

種類・内容について補足していきますと、Eの4と5は理工系対象のものが大半です。

F3「アルバイターン」は、アルバイトとインターンシップを掛け合わせた造語で2003年ごろから登場しています。

封入作業などの軽作業、飲食店でのホール、テレアポ、訪問販売などアルバイトを集めるのが難しい業務を「インターンシップ」と呼称して学生を集める、というものです。就業体

インターンシップの種類

A　説明会・セミナー型
1　会社セミナー
2　業界研究
3　施設・設備・社内見学
4　座談会・懇親会
5　他社とのコラボ
6　就活支援（模擬面接、模擬GD 、自己分析体験など）

B　大学連携型
1　大学内での事前研修・研究
2　就業体験
3　就業体験後の発表・プレゼン
4　他大学・企業とのコラボ
5　座談会・懇親会

C　プロジェクト型
1　課題に対するグループワーク
2　ビジネスコンテスト
3　事業化による実務を担当

D　業界団体・企業団体などによる横断型
1　大学内での事前研修・研究
2　就業体験
3　就業体験後の発表・プレゼン
4　他大学・企業とのコラボ
5　座談会・懇親会

E　仕事体験型
1　社長・役員の同行（かばん持ち）
2　雑用担当
3　見学・同行後の企画書提出・発表
4　研究の補助
5　製造実務の補助
6　営業担当

F　報酬型
1　日当定額制
2　営業担当・成果報酬
3　アルバイターン

G　ユニーク型
1　複数企業コラボ
2　プログラミング
3　選考直結（成績優秀者への内定パス）
4　合宿

験と言えば就業体験ですが、学生が思い描いているような「インターンシップ」とは程遠いものです。アルバイト料相当額は払う企業もあれば、「インターンシップだから」という理由で安くしている（または無報酬）のところもあります。

役立つのに大学からは邪険にされる就活支援型

就活生にインターンシップの種類を説明すると、「そんなの初めて聞いた」と驚くのがA6の就活支援型です。

就活支援型とは、模擬面接や模擬グループディスカッション、自己分析、適性検査の模擬受検、マナー講習などが主な内容です。

大学キャリアセンターによる就活ガイダンスや対策講座、はたまた、有料の就活塾のプログラムとほぼ変わりません。言うまでもないことですが、企業が主催するインターンシップなので参加費用はゼロ。タダで就活のノウハウを得ることができます。

この就活支援型のインターンシップを大規模に始めたのは日伝（大阪市）という東証1部上場の専門商社です。2010年に開始したところ、以降、就職人気ランキングも上昇。15年には日本経済新聞調査による就職人気ランキングで関西地区1位となりました。この成功を見た他の企業が同様のインターンシップを続々と導入。その結果、2020年現在では、インターンシップで一定の割合を占めるまでに至っています。

なお、就活支援型、という呼称から人材関連の企業が実施している、と誤解する就活生がいますが、そんなことはありません。就活支援型のインターンシップを始めた日伝は機械関連の専門商社です。他の商社もそうですし、あるいは、メーカー、小売、流通、飲食、ホテルなど、幅広く実施しています。

つまり、学生は仮に志望企業、業界でなかったとしても、この就活支援型に参加して、無料で就活のノウハウを入手することができます。

学生にとっては参加で得るものが多いですが、実施企業にもメリットがあります。まず、学生に企業名を売り込む手段としてのコストパフォーマンスは最高。何しろ、今までの採用のノウハウを学生向けに出すだけであり、費用はほとんどかかりません。志望意欲の低い学生でも企業名を売り込むことができます。説明会、選考に参加しなかったとしても口コミによる宣伝効果が期待できます。

学生が一定数集まれば、学生の動向など情報収集にもなりますし、実施企業によっては若手社員や内定学生に運営を任せることで研修、教育の機会に充てることもできます。

このようにいいことずくめの就活支援型ですが、就活生の認知度は高くありません。就活支援型はインターンシップで一定の割合を占めているにもかかわらず、存在なきものにされている、そんな扱いになっています。就活生が知らないのも無理はありません。

では、なぜ、「存在なきもの」にされているのか、それは大学の強い意向の影響によります。はっきり言えば、大学からすれば、就活支援型が邪魔な存在だからです。

なぜ、大学が就活支援型を邪魔と感じるのでしょうか。53ページのインターンシップの分類表をもう一度、ご覧ください。

大学が深く関わっているのが、Bの「大学連携型」です。こちらは、各大学が単位認定の通期科目としたり、大学ないし学部全体で取り組むプロジェクトとして力を入れています。企業が単独で実施するものより、数倍以上、手間がかかるのがこの大学連携型の特徴です。大学教職員や企業の担当者など、関わる社会人の数も多く、大学としては失敗するわけにはいきません。

Dの「業界団体・企業団体などによる横断型」は、大学が主体となることはありません。業界団体・企業団体や自治体などが主体となって運営されます。ただし、大学もDについて、全く無関係というわけではなく、学生を一定数送り込むところもあります。

このBとDは学生の参加意欲がなければ成立しません。そして、実施期間が短いAが盛んになればなるほど、B・Dはネガティブな影響を受けます。学生からすれば「期間の長いものに行くより、短い方が予定に合わせやすい」などと考えるからです。

大学からすれば、苦労して組み立てたインターンシップに学生が集まらない、これは由々しき事態です。

そこで、大学の就職ガイダンスやインターンシップ説明会では、実施期間の短いAについては、インターンシップとして認めない、あるいは、「こういうのがあるが行く意味がない」と否定的に触れる程度です。

それから、大学ないし教員によっては、やたらと原理原則にこだわる点も影響しています。

「いわゆる『ワンデーインターンシップ』など大学等が関与・把握していない短期間（5日未満）のプログラムの中には、実質的に就業体験を伴わず、企業の業務説明の場となっているものが存在することが懸念され、そうしたプログラムをインターンシップと称して行うことは適切ではない。就業体験を伴わないプログラムについては、インターンシップと称さず、実態にあった別の名称（例：セミナー、企業見学会等）を用いるよう促す」（文部科学省「インターンシップの推進等に関する調査研究協力者会議　インターンシップの更なる充実に向けて」、2017年）。

この原理原則に従い、就業体験ができて実施期間が5日以上でないと、インターンシップとして認めない大学もあります。

インターンシップのプログラム内容

※各年度のインターンシップ実施企業（実施予定含む）／複数回答

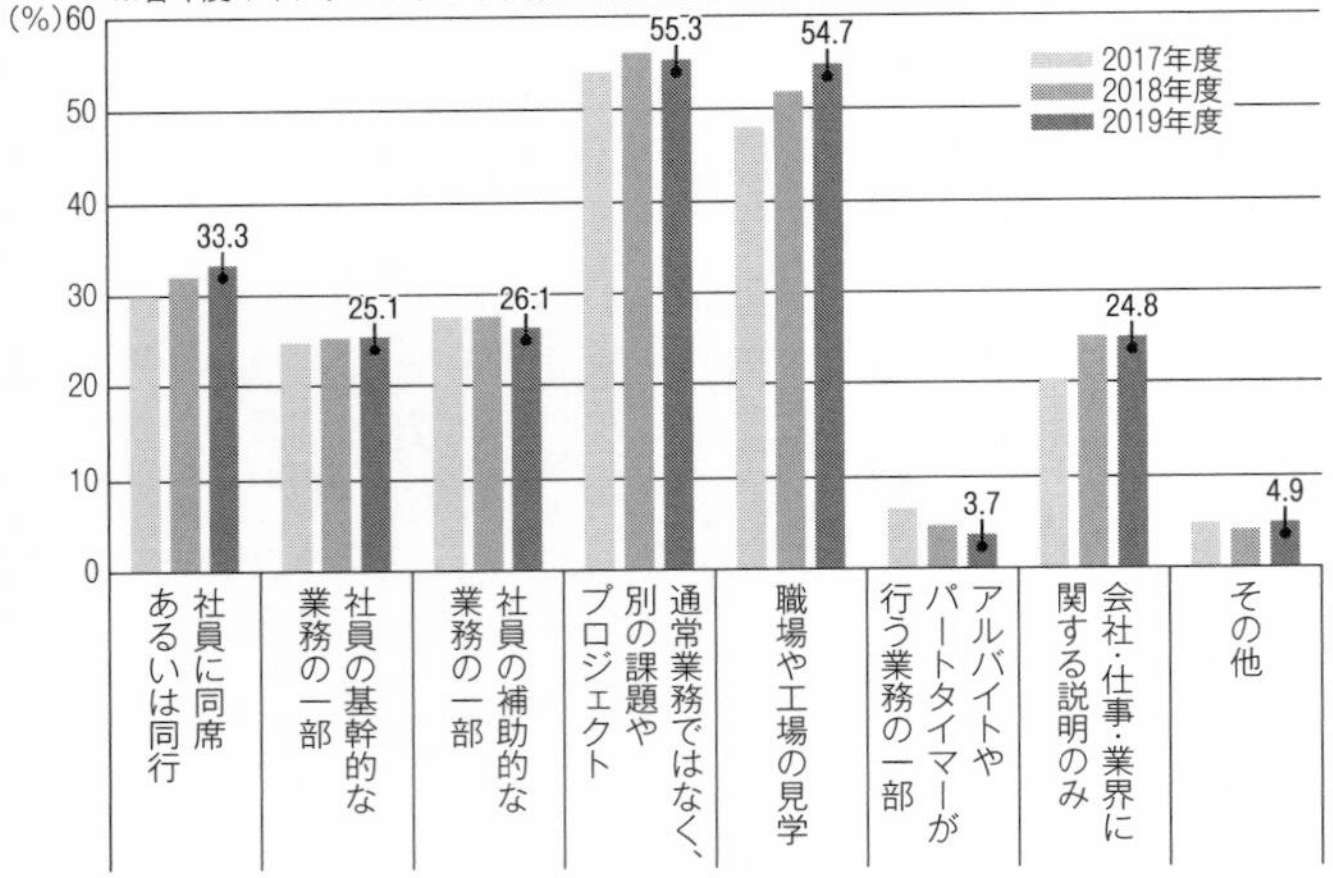

企業のインターンシップの実施期間

※各年度のインターンシップ実施企業（実施予定含む）／各年度主なものを単一回答

学生のインターンシップの参加期間

※インターンシップ学生参加者／複数回答

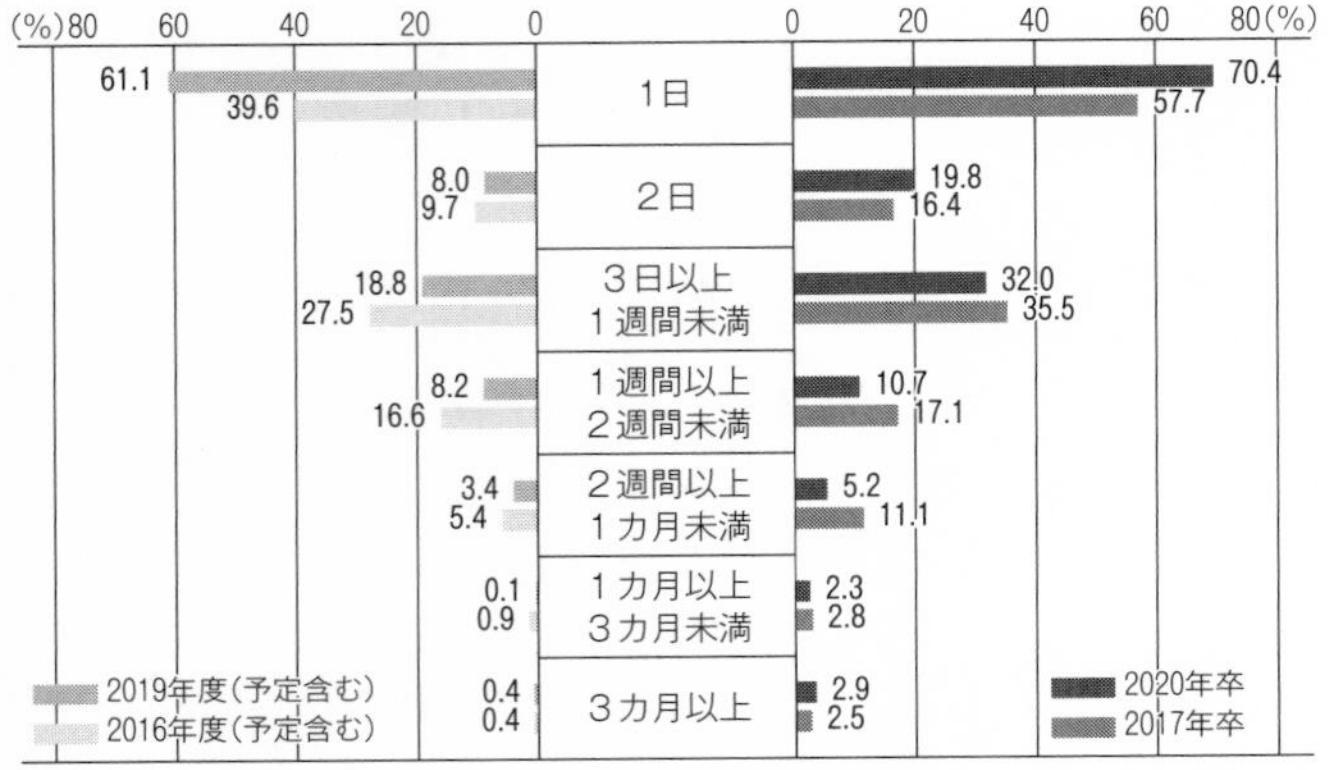

リクルートキャリア就職みらい研究所「就職白書」より

大学にそう言われても、企業は学生に就業体験をさせる余裕がありません。

リクルートキャリア就職みらい研究所が毎年出している「就職白書」の調査によると、右の上の表でわかるように、就業体験的なプログラムは多いとは言えません。

これは、実施期間も同じで、1週間以上のインターンシップを実施した企業は2019年度（20年卒）だと12・1％（合計）に留まっています。

学生の思い込みが邪魔をする

こうした状況に対し、特に大学キャリアセンターの実務を担う職員からすれば、就活支援型を含む説明会・セミナー型も含めて学生に周知していく必要性を強く感じています。

そこで、大学によっては2018年ごろから就職ガイダンスやインターンシップ説明会でも、説明会・セミナー型のインターンシップを説明するように変化しました。そうしないと、学生が就活に乗り遅れてしまうからです。中には、就活支援型のインターンシップを挙げて、参加するように勧める大学もあります。

なぜ、説明会・セミナー型を周知しないと、学生が就活に乗り遅れてしまうのでしょうか。それは、説明会・セミナー型が選考につながっているからです（詳しくは後の項で説明）。

こうした状況の変化の中、大学は「インターンシップ＝就業体験。それ以外は認めない」

という頑なな思考では、とうてい乗り切ることができません。そこで、大学は説明会・セミナー型のインターンシップについても周知するよう、方向転換していったのです。

ところが、方向転換した大学でも、学生によっては説明会・セミナー型のインターンシップに参加しない、あるいは、就活支援型に気づかないまま、就活を迎えてしまいます。

その理由は他でもありません、学生の一方的な思い込みです。「インターンシップ＝就業体験」と勝手に思い込んでしまい、説明会・セミナー型に目を向けることができません。

これは、「就活の古い言説」「高校以前の経験」「志望企業信仰」の3点が影響しています。

1点目の「就活の古い言説」ですが、２０１０年代前半まで就業体験型以外のインターンシップについては「あんなもの、インターンシップではない」と否定的な言説が強くありました。他でもない、私もそうした言説を支持していました。当時の著書でも否定的に書いているほどです。

この変化に気づかないまま、大学教職員が「インターンシップ＝就業体験」に凝り固まっていることはよくあります。そして、この言説は就職ガイダンスだけでなく、ネットメディアでもいまだに出ており、それが学生の誤認識につながっています。

2点目の「高校以前の経験」、これは中学・高校でのインターンシップ体験です。文部科学省・国立教育政策研究所「職場体験・インターンシップ実施状況等調査」によると、２０

17年度での職場体験・インターンシップ実施状況は公立中学校で98・6%、公立高校で84・8%にも上ります。調査名が示すように、公立中高でのインターンシップは、ほぼ100%が就業体験・仕事体験です。この経験から、公立校出身の就活生は「インターンシップ？　中高で体験したような仕事体験でしょ」と思い込んでしまうのです。

3点目の「志望企業信仰」ですが、「せっかく、インターンシップに参加するのであれば、志望企業のものに参加しよう」と学生は考えがちです。そして、志望企業であれば「どんな仕事をするのか体験してみたい」と、就業体験型のものに目が向きがちです。一方、大学が就職ガイダンスなどで説明会・セミナー型や就職支援型について説明しても、当の学生は聞いていません。「いや、自分は志望企業のインターンシップに参加するのだから」と他人事になってしまいます。

この3点の理由により、インターンシップの時点でうまくいく学生、そうでない学生の格差が生じてしまうのです。

インターンシップ格差の説明の前に、インターンシップの定義について、少しだけ補足します。同じ企業、同じ総合職採用でも、インターンシップの意味合いは時期により、変化します。3年生夏だと、就業体験型のインターンシップを展開する企業が多くなります。それが、12月、1月、2月になると、一気に説明会・セミナー型が増加します。

これは、企業・学生、双方の都合を考えれば自然な話です。

3年生の夏ないし秋だと、学生は期間の長いインターンシップに参加する余裕がありま す。これは企業側も同じです。

ところが、12月、1月、2月となると、就活の動きが激しくなってくる時期ですし、就活以外にも年末年始休み、センター試験（2021年度から大学入学共通テスト）による入構禁止、後期試験と大学生にとっていろいろと忙しい時期になります。そうなると、長期間のインターンシップにのんびり参加する余裕などありません。

これは企業側も同じです。学生の参加が見込めないですし、企業は企業で慌ただしい時期になります。双方、忙しいとなると、実施期間が1日となる説明会・セミナー型が大半を占めるのも無理ないでしょう。

このように、就活時期により、インターンシップの意味合いが変化する、これも現代就活の特徴の一つと言えます。

3月合同説明会が潰れても企業が文句を言わなかった理由

このインターンシップの意味合いの変化は合同説明会にも影響しています。

3月の広報解禁以降に展開されるのは企業合同説明会です。2月以前はインターンシップ合同説明会が展開されています。

インターンシップ合同説明会は、3年生の5月〜7月開催のものであれば、就業体験型のインターンシップをアピールする機会、と言えます。

一方、3年生秋から2月にかけてのインターンシップ合同説明会に出てくるインターンシップはそのほとんどが説明会・セミナー型です。前の項目でも説明したように、特に12月、1月、2月は企業・学生双方が忙しい時期であり、長期間の就業体験に参加する（あるいは主催する）余裕がありません。さらに就活も慌ただしくなってくるので、インターンシップはそのほとんどが説明会・セミナー型となりますし、インターンシップ合同説明会で説明されるものも同様です。

ここで第1章の就活時期の内容を覚えている読者は、ピンと来たことでしょう。要するに、インターンシップ合同説明会と言いつつ、秋から2月にかけてのものは、企業合同説明会と大きくは変わりません。早い時期の選考日程に合わせた企業合同説明会、それが秋から2月にかけてのインターンシップ合同説明会なのです。

このインターンシップ合同説明会が盛んとなった結果、3月の広報解禁後の合同説明会はどんどん集客力を落としていました。

２０２０年はコロナショックにより、大手就職情報会社の合同説明会はことごとく中止となりました。そうした中、中堅規模のあさがくナビのみ東京、大阪で開催しました。他社が中止だったので各企業が慌てて参加申し込みをしたか、と言えば全くそんなことはありません。私は東京会場の見学に行きましたが、閑散としており、就活生もそれほど集まっていませんでした。

もし、広報解禁後の合同説明会が企業を売り込む絶好の機会であれば、コロナショックであろうと、就職情報会社に対して、開催を強く申し入れたはずです。

それがなかったのは、３密を避けたとか、政府要請に従った、というだけではありません。単純に近年、３月の合同説明会の集客力が落ちてきていた、という理由によります。

コロナショック以前、広報解禁後の合同説明会と言えば、テレビ、新聞などが「今年も就活のシーズンになりました」と季節ネタでよく出していたものです。経年変化を知らない記者は毎年のように「多くの就活生が押し寄せ～」と記事にしていました。

では本当に、毎年、毎年多かったか、と言えば、実は少しずつ、集客力が落ちていました。

主催する就職情報会社は毎年、変化しますが、大阪ではインテックス大阪を貸し切って開催するのが通例です。

新聞記事を元にその参加人数を確認すると、2015年は1日だけで参加企業300社強、参加学生は約2万人（「産経新聞」15年3月2日）、16年は2日間でのべ640社参加で学生約4万人（「朝日新聞」16年3月2日）、ところが19年になると、2日間でのべ約990社で学生約1万6000人（「産経新聞」19年3月2日）と大きく減らしています。私も例年、広報解禁日に合同説明会を見学・取材するようにしていますが、19年の学生参加者、熱気は以前に比べいまひとつということを感じました。

なぜインターンシップ参加で就活が有利になるのか

インターンシップの中でも選考に直結するタイプ（G3）は多くありません。リクルートキャリア就職みらい研究所の「就職白書」調査では「採用直結と明示したインターンシップからの採用」を実施予定と挙げる企業は2021年卒（予定）で17・0％（「就職白書2020」）。17年卒の4・5％（「就職白書2017」）からは増えていますが、それでも20％を超えていません。

にもかかわらず、就活生の間では「インターンシップに行くことで就活が有利になった」とよく言われています。そして実際にも2021年卒就活生は、インターンシップに行ったかどうかで明暗が分かれました。

では、選考直結型は少ないのに、なぜ、選考に結びつき、参加した学生が就活を有利に進められるのか。その理由は3点あります。

1点目は、実際に参加したインターンシップが選考直結型だった、というケースです。ベンチャー企業やIT企業ではそこそこありますが、今述べたように、全体としてはそれほど多くありません。

2点目は、参加したインターンシップがA「説明会・セミナー型」だったケースです。名称はインターンシップでも実質的には説明会・セミナーであり、その参加学生に早期選考の案内をする企業が増えています。２０２１年卒就活生が「インターンシップ参加で就活が有利になった」と話すケースの大半は、これが当てはまります。企業も大手企業からベンチャー企業まで多種多様です。

3点目は、参加したインターンシップがA「説明会・セミナー型」、しかも、その企業の選考には参加しなかったケースです。これはA6の就活支援型などが中心。この場合、早いうちに動いた結果として内定につながったのです。

3点目は一見すると、早期の選考には関係なさそうに見えますが、早期に動く就活生はそれだけ視野が広がります。その分だけ、就活が有利になるのは自然な話です。

以上、3点が混ざって「インターンシップ参加で就活が有利になった」との言説が定着しています。

ここまでインターンシップの定義、時期による変化、選考直結ではないのに選考に結びつく理由を、それぞれ解説してきました。

「インターンシップ＝就業体験」と思い込んでいた就活生や大学教員は驚いていることでしょう。その気になれば、一冊の本が書けるほど、現代日本のインターンシップは複雑です。

この複雑さを全て理解しろ、とまでは言いません。内定を勝ちとった就活生も、その大半はインターンシップの全容を理解せずとも内定を得ています。

ただし、**内定学生の多くは「早いうちに動いた方が得しそう」「3年生の秋くらいまでは志望業界・企業にこだわらず広く見ておこう」という2点（またはどちらか1点）の感覚があるようです。**

この、企業や志望業界にこだわらない鷹揚さ、それから時期や名称などを気にせず自分に必要かどうかを見極める読解力がインターンシップ格差につながっています。

2022年卒のインターンシップはコロナの影響も

2022年卒はコロナショックの影響が3年生夏のインターンシップから出ている世代で

す。これもインターンシップ格差につながっています。

元々、増加傾向にあったインターンシップ参加ですが、2022年卒の就活生はさらに増加しました。「21年卒はインターンシップに参加したかどうかで明暗が分かれた」という情報が22年卒の就活生に広く知られたからです。

マイナビ「2022年卒 大学生 インターンシップ前の意識調査」（20年6月実施）によると、在学中のインターンシップ希望参加社数は8・1社。これは21年卒の5・1社、20年卒の4・2社から大幅に増加しています。

同調査では、インターンシップの参加目的についても質問しており、「どの業界を志望するか明確にするため」が71・8％でトップとなっています。

ウェブか対面かについては「対面がいい」44・8％、「ウェブがいい」16・7％、「どちらでも構わない」38・5％となっており、学生の対面希望が明らかになっています。

では、企業側はどうだったか、採用支援企業のアールナインによる「2022年卒インターンシップ意識調査」（20年6月実施）によると、ウェブ（調査では「オンライン」）での実施を予定しているかどうかは、「ある」34％、「ない」23％、「未定」43％と分かれました。「ない」が対面式での実施となります。就活生側（マイナビ調査）の44・8％に比べると、20ポイントもの差があります。

この乖離《かいり》がどうなったか。２０２２年卒就活生の夏インターンシップでは、選考落ちとなる学生が相次ぎました。

選考に落ちた就活生からすれば、「やはり今年はコロナの影響で就職氷河期となった」など と思い込んでしまいます。

２０２０年8月ごろから、就活疲れ、就活ガス欠となる就活生が出没するようになりました。これは19年以前ではなかった傾向です。

企業からすれば、２０２０年6月時点では「インターンシップは対面で実施すると感染リスクがある」「採用は21年卒以前と同水準だが、インターンシップは悩ましい」「そもそも、オンラインでのインターンシップって、何をやればいいの？」など悩んでいる最中でした。

その結果、インターンシップは規模を縮小しての対面開催、内容などを圧縮してオンライン開催、そもそも開催しない（開催するとしても秋冬以降）など、企業によって対応が分かれました。実施総数が少なくなれば、選考落ちとなる就活生が増えるのは当然です。

こうした企業側の都合を知らないまま、インターンシップの選考落ちという点だけで勝手に落ち込んでしまう、これもインターンシップ格差につながっている、と言えるでしょう。

２０２３年卒以降についても、夏のインターンシップの実施総数は縮小傾向となることが予想されます。仮にコロナ感染が収まっていても、そもそも、企業の間では21年卒以前から

「夏にインターンシップをやっても、採用につながらない」「だったら、夏は無理に開催しないで秋冬以降のインターンシップを強化すればいいのではないか」などの意見が強くなっていました。さらにコロナショックにより、オンラインによるセミナーやイベントが簡単に開催できるようになったからです。

インターンシップ格差、3つのポイント

それでは、インターンシップ格差を就活生が埋めるにはどうすればいいでしょうか。それには次の3点に留意することです。

1　就業体験にこだわらない
2　志望企業・業界にこだわらない
3　名称にこだわらない（特に1月・2月）

特に3については、インターンシップもそうですが、合同説明会についても同様です。大学外であればインターンシップ合同説明会、大学内であればインターンシップ合同説明会や業界研究合同セミナーなどの名称で3月の広報解禁以前に合同説明会が開催されます。

この合同説明会を「時期が前倒しになっているだけだから見ておこう」と考える就活生は得をします。一方、「インターンシップ＝就業体験で、その説明を今さら聞いても意味がない」「業界研究はもう終わったから無関係」など、名称をそのまま受け取って早合点する就活生は間違いなく損をします。

インターンシップの定義が就業体験以外にもいろいろあることは本章で説明した通りです。業界研究についても同様で、実質は単なる合同説明会です。それを逃してしまうのは大きな損失であり、インターンシップ格差につながります。

1月、2月にもインターンシップが開催されますが、そのインターンシップが実質的には説明会・セミナーであることは前記の通りです。

では、インターンシップ以外の就活準備はどうすればいいのか、それを次の章から解説していきましょう。

第3章　間違いだらけの就活準備①
自己分析・業界研究・適性検査

この第3章と次の第4章では、就活準備について、具体的には第3章で自己分析、業界研究や志望業界の決め方・適性検査、第4章では情報収集について解説していきます。

すでに就活を進めている就活生からすれば、無関係と思うかもしれません。しかし、意外と方法を間違えている就活生が多くいます。場合によっては致命傷となりかねない就活準備、本当に大丈夫かどうか、再確認してみてください。

(1) 自己分析

自己分析は節目節目でやってみる

自己分析は自分自身を振り返り、自分が何者かを企業側に提示するための作業です。就職氷河期となった1990年代になってから、就活市場に定着、現在に至っています。

この自己分析については、多数本が出ており、ネットでも情報が溢れています。大学キャリアセンターのガイダンスでも様々な方法を提示しています。

自分史を書いてみようとか、モチベーションチャートを書いてみようとか、いや、マンダラチャートがいい、自己分析ツールがいい、それよりも好きなことを10（あるいは20）書き出してみよう……。まあ、いろいろな手法があります。

就活生は、自己分析のどの方法がいいのか、選択に迷うようです。それ以外にも「自己分析をどこまでやればいいいか、わからない」「自己分析が甘いと言われたが、どう進めたらいいのか」など自己分析関連の質問はよく受けます。

本書では、細かい手法は提示しません。と言いますのも、この自己分析、様々な手法が出ており、それぞれ「こんな効果がある」「内定者をこれだけ出した」などと喧伝しています。それでいて科学的な立証があるか、と言えばほとんどありません。

これはもう、宗教・信仰の域に近い、とすら言えます。自己分析について私は「多神教」ないし「無信仰」なので、どれを信じるかは「好きにしてください」としか言いようがありません。

その代わり本書では、他の本に出ていない**「深度と頻度」「時間」「複眼思考」**の３点について、ご紹介します。

まず、1点目の「深度と頻度」について。就活本であれ、ネットであれ、自己分析の手法は細かく出ていても、どこまで深くやるか、それから何回やるかは意外と出ていません。当然ですが、就活生は、どこまで深くやればいいのかわからず、回数については一度で十分、と勝手に誤解してしまいます。

結論から申し上げると、深さについては「そこそこ・ほどほどで切り上げる」、頻度については「節目節目で改めてやってみる」、この2点をお勧めします。

私が就活生を取材して感じるのですが、就活を始めた当初は自己分析に相当な時間をかける人が多いようです。「幼稚園前後の記憶をたどって年表を作成する」という自己分析を進めていた学生には、思わず「そんなお年寄りがやりそうなこと、学生の君がやって楽しい？」と言ってしまいました。そこまで時間をかける学生は、その後、自己分析をやり直す、ということはまずありません。ところが、観察していると、就活生の多く、特に文系学部出身者は、途中で志望業界などが変わります。

理由は簡単で、就活を進めれば進めるほど、就活の情報量が増えていきます。企業や業界についてもそうですし、働き方なども同様です。情報量が増えていくと自己分析の前提条件が大きく変わっていきます。そうなると、改めて自己分析をやってみた方が最新の結果が出て就活に役立ちます。

ここで「自分の軸がぶれるのはよくない」と考えて自己分析をやり直さないとどうなるでしょうか。**最新の自己分析に気づかず、結果的に就活で損をしてしまうことになります。それよりは改めて自己分析をやり直す方がいいでしょう。**

自己分析はいい加減くらいがちょうどいい

節目節目で何度もやる、となると、当然時間がかかります。だからこそ、２点目の「時間」につながるのですが、長時間をかける必要は全くありません。

ほどほど、ぼちぼち。もっと言えば、いい加減と思っても、それがちょうどいいくらいです。就活準備には、自己分析以外に、適性検査、情報収集などもあります。さらにセミナーやインターンシップに参加して、面接対策やエントリーシート対策もやって、となると、時間が足りません。就活を始める時期によっては、大学での勉強やアルバイト、サークル活動などもあるでしょう。そうした学生本来の活動も加味すると、自己分析を最初から長時間かける、という進め方は実はうまい手ではないのです。

３点目の「複眼思考」ですが、これは要するに、他己分析です。友人や所属するゼミの教員、アルバイト先の店長などに聞いてみてください。意外と、自分では気づいていなかった長所や短所が見えてきます。

自己分析は読んで字のごとく、自分で自己を分析する作業です。自身を客観視することができる人なら、この自己分析はしっかりできます。が、そこまで客観視できる人は就活生はもちろんのこと、社会人でも多くありません。

余談ですが、私は「話が長すぎる」「一言多い」などの欠点を他の人に指摘されるまで気づきませんでした。その後、意識して短く話すようにしています。それでも、講演などでは参加学生の感想で「ちょっと話が長かったですが面白かったです」などの感想をもらい、そのたびに酒量が増える日々です。

話を自己分析に戻すと、「深度と頻度」「時間」「複眼思考」、この3点に留意しながら進めてみてください。

(2) 志望先の決定

志望先を決める前に職種の違いを考える

志望業界・企業をどう決めるかは、自己分析以上に、就活生本人次第で「好きなようにしましょう」としか言いようがありません。

ただし、自己分析と同様に、進め方のアドバイスはできます。それは**「総合職・専門職の**

違い」「好きと現実の差」「絞る・絞らない」の3点です。

まずは1点目の「総合職・専門職の違い」です。大卒採用の職種を大別すれば、総合職と専門職があります。

総合職は、民間企業や公務員事務系などを指します。なお、営業事務や窓口などを担当する一般職も、総合職に含みます。

専門職は、理工系学部限定となる技術職や研究職、公務員の土木職など。福祉系学部出身者に限定する公務員福祉職、民間企業の専門部署に限定する採用（法務、経理、デザインなど）も、この専門職となります。専門職のほとんどは、選考参加条件として、学部学科や専攻などを指定しています。電機メーカーの技術職であれば、工学部の中でも機械工学・電気電子工学などに限定しています。これは専門性が入社当初から求められるからです。そのため、専門職を目指すのであれば、最悪の場合、学部を変えるか、大学の編入・再受験などが必要となることもあります。

一方、総合職採用は、日本の場合、ポテンシャル採用・見込み採用であり、専門性はそこまで問われません。ポテンシャル採用・見込み採用とは、企業側が「～してくれそう」と見込める学生を採用する手法です。頑張ってくれそう、一緒に働けそう、会社を儲けさせてくれそう、体力がありそう、地味な作業をやってくれそう、新しい仕事に取り組んでくれそう、年上とコミュニケーションが取れそう、リーダーシップがありそう……。全部当てはまる必要はありません。出ていない「〜してくれそう」でも何でもいいのです。何か一つあれば採用しようか、これがポテンシャル採用・見込み採用です。

即戦力採用とか、専門性重視などとよく言われますが、一部のベンチャー企業を除けば、日本の採用は多くがポテンシャル採用・見込み採用のままです。この傾向が特に強いのが総合職となります。

ただし、総合職の中でも専門性がある程度、問われる業界や職種があります。例えば、地方公務員事務系は法律から数学、地理・風土まで広範囲の知識、金融系は金融やビジネス関連の知識、マスコミは読解力・文章力、社会常識全般の知識、航空・観光系はマナーやホスピタリティ能力。

他の業界や職種以外にも、専門性、知識が問われることはあります。志望業界・企業を決める際には、総合職か専門職か、総合職でもどの程度、専門性・知識が問われるか、知っておく必要があります。

「好き」だけでは単なる就活ストーカー

2点目の「好きと現実の差」、これは1点目の専門性・知識にも関わってきます。

２０００年代に入ってから（つまり、今の就活生が生まれる前後から）、小中高あるいは大学でキャリア教育が展開されるようになりました。その一部（または大半）が「好きなことを仕事にしよう」「夢を実現しよう」です。

「夢」について、私は否定も肯定もしません。実現するかどうかはその人の適性や努力、社会の変化などが複雑に絡み合っているからです。就活においても、「好きだから」「夢だった」という理由で志望業界・企業を選ぶことを否定するものではありません。

とは言え就活の場合、いくら学生の思いが強くても、採用するかどうかを判断するのは企業です。企業からすれば、学生の思いが強いかどうかよりも、自社で活躍できそうかどうか、ポテンシャルなどを元に採用の是非を判断します。

具体例を挙げると、マスコミ、食品業界志望者は「夢」が先行しすぎており、現実が追いついていない就活生が多数います。

まず、マスコミ業界志望者ですが、話を聞くと「新聞は読んでいません」と無邪気に答える学生ばかりです。「新聞社を志望していないので新聞は必要ないですよね？」と話すテレビ業界（あるいは出版業界、あるいは広告業界）の志望者がよくいますが、基礎知識すら勉強していない典型例です。

マスコミ業界は、情報が商品となる特殊な業界です。テレビのワイドショースタッフは、昼の番組なら、早朝に起きて、全国紙とスポーツ紙を全部チェックします。扱うテーマと関連の記事がどの新聞にどう出ているか、一通り読んで、使えそうな記事を番組内にパネルとして出していきます。

こうした作業と似たことは出版であれ、広告であれ、マスコミなら必須です。いくら就活生が「お笑い番組を担当したい」「ファッション雑誌を担当したい」と志望しても、それはあくまでも志望にすぎません。志望外の番組や部署を担当しても、すぐフィットできる人材をマスコミ各社は採用しようとします。そのためには、新聞は1紙どころか、最低2紙、できれば3紙くらいは読んでいて当たり前。それが「新聞は読んでいません」だと、選考の序盤で落ちてしまいます。3年生の秋、遅くても冬までに新聞を複数読む習慣がついていなければ、マスコミ就活は選考落ちの確率が9割。奇跡的に内定が取れても数年以内に中途退職することになるでしょう。

こうした話を「新聞は読んでいません」のマスコミ志望者に話すと、だいたい嫌われます。下手すれば、パワハラだ、とすら思われます。しかし、私は客観的な事実を元に話しただけにすぎません。それでパワハラと思われるのも心外であり、最近では「新聞は読んでいません」と話すマスコミ志望者には「頑張ってね」程度にとどめるようにしています。

食品業界も就活生から人気です。中でも、「新商品の企画を担当したい」と話す就活生が多いことでも有名です。マスコミ業界志望と同じで、この食品業界での企画志望も、そのほとんどが落ちていきます。

商品企画担当は食品メーカーの中ではそこまで大きな部署ではありません。重要であることは確かなのですが、総合職採用のほとんどは営業など他部署に配属されます。営業として好成績を収めたから企画の部署に異動する、あるいは、その食品関連の知識が「マツコの知らない世界」に出演できるほど深い必要があります。少なくとも「食べるのが好き」レベルなら、「一生、うちのいいお客さんでいてほしい」(＝採用は無理)で終わりです。

マスコミ、食品業界を例に挙げましたが、他の業界・企業でも根本は同じです。「好き」から志望業界・企業を決める、それはいいでしょう。問題は、学生個人の能力、努力、あるいは専門知識などを含めて、その業界・企業の現実に合うかどうか。

現実を無視したままでは、選考で落ちるだけです。厳しいことを言えば、思いだけでどうにかしようとするのは、言い方を変えれば、ストーカーと大差ありません。就活ストーカーとなっても、相手にされないだけです。

業界は無理に絞るな

3点目の「絞る・絞らない」ですが、これも就活生からよく出る質問です。

結論から申し上げると、無理に絞る必要はありません。志望業界を絞った方が内定を得やすくなる、これは2000年代までは就活指導の常識でした。その方が業界の関連記事をチェックすることができる、業界研究を深めることで優良企業を見つけやすくなる、志望動機などをまとめやすくなる、などのメリットがありました。

また、業界を絞らない就活生は、大手企業志向が強く、「大手で給料が高そう」など浅い理由で志望企業を選んでいました。それでは内定に至らず、そのアンチテーゼとして「志望業界は絞ろう」につながっていったのです。

この状況が変化していったのが2010年代に入ってから。その理由を大きく分けると、「業界の垣根が崩壊」「志望動機の軽量化」の2点です。後者については、第5章で改めて解説しますが、2010年代に入ってから、志望動機を軽視する企業が増えています。そうなると、無理に業界を絞る必然性が低下します。

前者は、業界だけでなく企業のビジネス構造が大きく変化していることによります。例えば、電機メーカー各社は2000年代以前は家庭用電機製品を主力としていました。しかし、中韓勢の台頭もあり、三洋電機とシャープは消滅。パナソニック、日立製作所などはリストラしたうえで生き残りました。では、現在のパナソニックや日立製作所などは家庭用電機製品だけ……ではありません。電池などのデバイス事業、住宅設備、社会インフラ、情報通信など多角化しています。電機メーカーからすればビジネスが多角化している以上、家庭用電機製品を作りたい・売りたい、と言われても困ります。

これは、他の業界・企業も同じです。

同じＩＴでも、ヤフーとＳＣＳＫ、クロスキャット、ぐるなびでは方向性やビジネスなどが大きく異なります。ＩＴ業界、というくくり自体に無理があります。

食品業界も同様です。就活生からすれば食品業界とは、飲料、菓子、冷凍食品などのメーカーを想定します。

しかし、例えば計量・包装機器など食品製造システムを手掛けるイシダ（京都市）、食品トレー大手のエフピコ（広島県福山市）、トレハロースなどの原料メーカーである林原（岡山市）なども食品業界です。

そもそも就活における業界は、業界ガイドブックを刊行している出版社が便宜的に分けているにすぎません。しかも、業績の良し悪しではなく、出版社の都合で掲載企業となったり消えたりします。

例えば、業界ガイドとして有名な『会社四季報業界地図』（東洋経済新報社）は２００４年刊から長く続いています。20年版（19年刊行）には掲載されていた、ソフトウェア企業のユーザックシステムは21年版（20年刊行）では掲載企業から外れています。

では、同社は業績を落としたのでしょうか。東京商工リサーチのデータによると、2020年6月期の売り上げは約23億円。前年から2・1億円ほど伸ばしており、同社データの事業概況には、こう書かれています。「『伝発名人』を始めとしたパッケージソフトの販売が主力。2020年6月期はWindows10への移行対応により増収増益」しています。

業績を伸ばしている企業が、2021年版から掲載が外れた理由は簡単です。20年版までは「RPA（ロボティック・プロセス・オートメーション）」という分類でユーザックシステムは入っていました。21年版では、この分類がなくなったので、掲載がなくなったにすぎません。このように、業界分類は出版社などの都合によるもので、就活生が考えるほど絶対的なものではないのです。

さらに、2010年代から20年卒まで、売り手市場が長く続きました。その結果、就活生の志向が多様化したこともあり、複数の業界を志望、内定を得る学生が増加していきました。この複数業界志望の傾向はコロナショック後も続く見込みです。

もちろん、給料だけ、待遇だけで大企業のみを志望していくのは論外です。そうではなく、やってみたいことが複数あるとか、就活生なりの軸があって複数業界を志望する、ということであれば、無理に絞る必要はありません。

志望業界を絞った方がいいケースとしては、理工系学部限定となる技術職、研究職など専門職就活がまず挙げられます。これは、絞る、というよりも絞らざるを得ない、という方が正確でしょう。それから、総合職の中でも先に挙げたように、専門性や知識を問う業界だと、絞った方が対策しやすくなります。

ただ、これも、あくまで目安であって、実際には、例えば金融業界と観光業界の両方志望して、両方から内定を得た、などの事例も増えています。

（３）適性検査

学生以上に企業は適性検査を重視

適性検査は性格検査と能力検査に分かれます。どちらか片方のみ、というものもありますが、だいたいは両方まとめて、となります。

この適性検査は学生が想定している以上に、企業が重視しています。

リクルートキャリア就職みらい研究所「就職活動・採用活動に関する振り返り調査　データ集」に興味深いデータが出ています（次ページ表）。

企業側は「採用基準で重視する項目」、学生側は「面接等でアピールする項目」と若干の違いはあります。特に学生側は「面接等」とあるので、性格検査、能力検査が上位に来ない

企業が採用基準で重視する項目・学生が面接等でアピールする項目

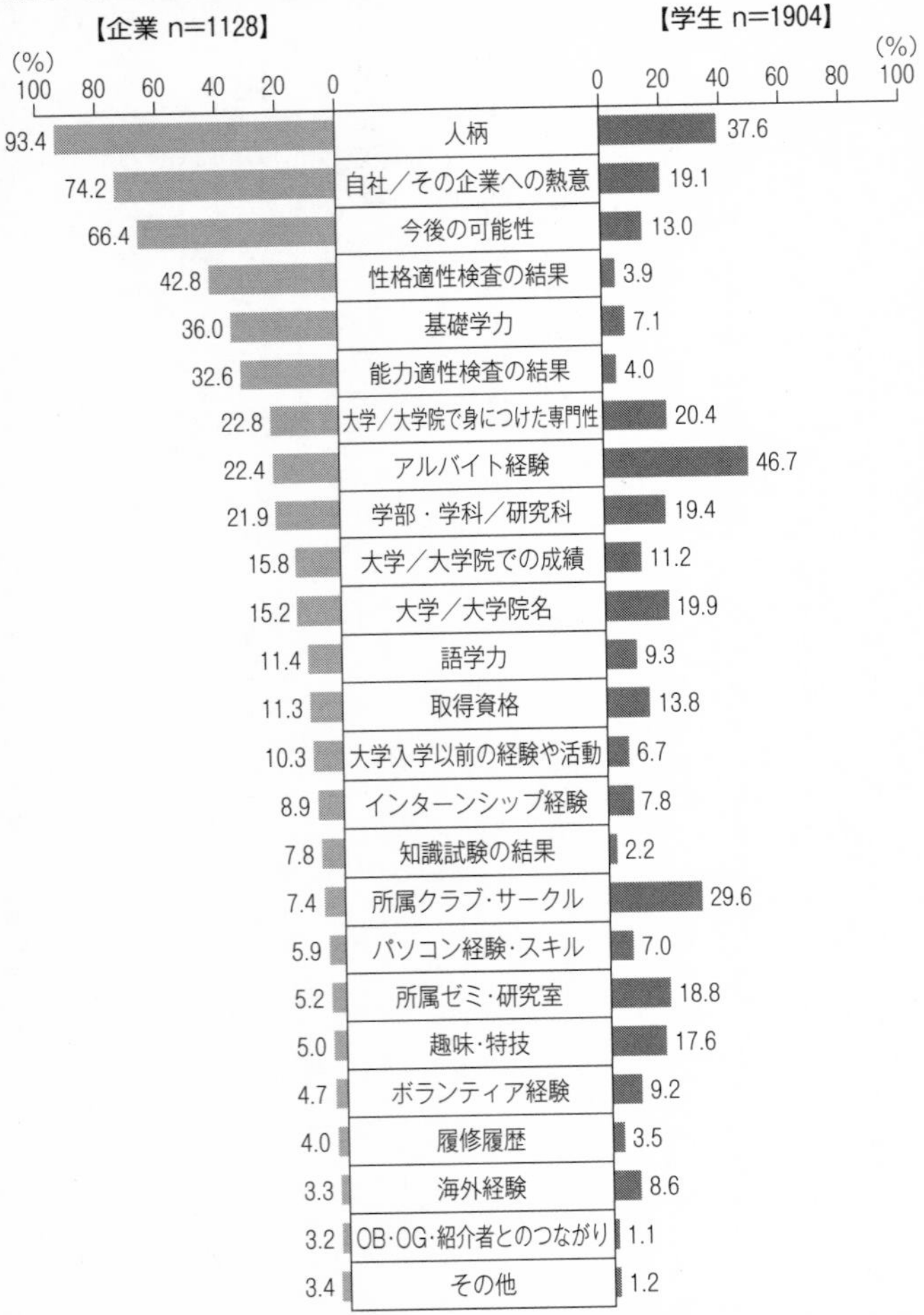

※リクルートキャリア就職みらい研究所「就職活動・採用活動に関する振り返り調査　データ集」2020より

のは無理もありません。

それでも、企業側の上位に「性格適性検査」（4位）と「能力適性検査」（6位）が入っているのに対して、学生側は下位（「能力適性検査」20位、「性格適性検査」21位）にとどまっているのは、大きな違いと言えるでしょう。

このデータから、企業は就活生が想像している以上に、適性検査を重視していることが明らかです。

適性検査を企業が選考のどの段階で使うか、といえば序盤での利用が圧倒的に多いです。そこで適性検査を「就活におけるセンター試験」と評する専門家もいます。序盤で利用される、という点ではその通り（ただし、センター試験は２０２０年で終了し、21年からは大学入学共通テストに変わるのでたとえ自体が微妙ですが）。

適性検査については**「企業側の都合」「苦手ほど対策」「他との兼ね合い」**の3点がポイントになります。

最初からSPI3ではない企業、実は……

1点目の「企業側の都合」についてですが、適性検査は就活生が受検してもその費用を課せられることがありません。選考で利用する企業が負担しているからです。

企業からすれば適性検査の必要性は認めるものの、選考参加者の多い序盤から利用すると、その費用は莫大なものになります。

そこで、序盤は費用が安価な適性検査を利用。ある程度、人数を絞り込んだ中盤以降に改めて、別の適性検査を実施する、二段構えの企業が増えています。

就活生からすれば、適性検査の中でも有名なSPI3かどうかを気にします。SPI3でなければ、安心してしまう就活生もいますが、油断していると、中盤以降にSPI3が登場する、ということもあります。

「これが本当のSPI3だ!」シリーズが独走

2点目の「苦手ほど対策」。これは特に文系学部出身者に当てはまります。文系学部の学生は数学（適性検査／能力検査では非言語分野）が苦手です。そこで、非言語分野の中でも簡単な計算問題が並んでいる適性検査本を買って、対策しようとします。就活生によっては2冊買って、同じ問題を何度もやろうとします。「大学受験のときも、同じ問題を何度もやって苦手意識を克服できた」と話す就活生もいます。

ところが、それで落ちてしまう就活生が多くいます。せっかく頑張って勉強したのに、落ちてしまうのは他でもありません。すでに出題されなくなった問題を一生懸命、勉強しているだけだからです。出題されない分野を勉強しても出題されない以上、成果は上がりません。

適性検査の中でも最もメジャーなSPI3は元はSPIです。その後、2002年にSPI2、13年にSPI3となりました。ところが現在、流通しているSPI対策本の多くは、SPI3ではなくSPI時代に刊行されています。SPIからSPI3に変化するにつれ、能力検査、特に非言語分野では推論、図表の読み取り、集合、順列などが中心になっていきました。これらは数学のパズルとでもいうべき、難易度の高い問題です。

ところがSPI時代には、推論などはそこまで大きな比重を占めていません。この時代に刊行された適性検査対策本は、表紙だけ、タイトルだけは「SPI3」と変えていても、中身は変えていません。変えたとしても、せいぜい数十ページ程度という本もあります。

私はこの事実をこの10年、ずっと著書や記事などで出しています。では、適性検査本の出版社から名誉棄損で訴えられたのではないか、と言えばそんなことは全くありません。私は国会図書館に通い、どの本がどの年度でどれくらい変えたのか（あるいは変えていないのか）、全て調査しているからです。

話を対策に戻すと、就活生はまさか出版社が前年度と全く同じ（または多少変える程度の）ものを刊行している、とは夢にも思いません。しかし、実際には出題されない範囲も収録されたままであり、そのような本で対策しても意味がないのです。

その年度に合わせて毎年、きちんとマイナーチェンジをしているのが、「SPIノートの会」が毎年刊行している「これが本当のSPI3だ！」シリーズです。

２０１９年まで洋泉社で刊行しており、そのときから私は就活生に勧めていました。何の因果か、２０２０年から本書と同じ講談社から刊行されているのは不思議な縁を感じます。

私個人の感想はともかく、この本は、ＳＰＩ３で出題される推論などを冒頭に出していますす。他社の対策本を買った就活生も、結果的には役に立たないことに気づき、「ＳＰＩノートの会」の本を改めて買う事例が多くあります。もし適性検査を有利に進めたいのであれば、「これが本当のＳＰＩ３だ！」シリーズを強くお勧めします。

適性検査対策が全てではない

３点目の「他との兼ね合い」。現在では多くの大学、特に私立大学では適性検査対策が大学の正規科目になるほど、対策に熱心です。

ところが、こうした大学の全てが就職実績を挙げているわけではありません。その理由は、自己分析の項目でも触れたように、就活生がやらなければならないことは他にも山のようにあるからです。

適性検査だけを一生懸命勉強しても意味がありません。しかも、前項目で説明したように大学が使用しているテキストによっては、ＳＰＩ３にはあまり出題されない問題を含んでいるものもあります。

適性検査の対策は重要ですが、他との兼ね合いをどうするか、就活生自身の学力なども含め、バランス感覚が問われることになります。

また、適性検査のうち、性格検査については、これといった対策はありません。ネットでは「自分をよりよく見せろ（盛れ）」などと書いているものもありますが、これは大間違いです。

ＳＰＩ３もそうですし、それ以外の適性検査でも性格検査でウソをつくと、就活生の信用度が大きく下がります。そして、信用度がどれくらいか、ウソをついているかどうか、これも企業側に提示されるデータに全部出てきます。

そのため、性格検査については「ウソはつかない、正直に答える」、これが最大の対策となります。

第４章　間違いだらけの就活準備②　情報収集

（1）新聞

就活に新聞は必須

業界研究以外でも就活生は様々な就活の情報を収集し、そこから多くの判断を下していくことになります。この章では情報収集について解説していきます。

まずは新聞からです。情報収集の基本は新聞です。いくら、マスコミ批判が出て「マスゴミ」のネットスラングが定着しても、ネットで出回る話の多くは、その出発点が新聞となっています。

しかし、第1章でも出したように、新聞閲読率（購読だけでなく図書館利用なども含む）は10代で３・６％、20代７・４％（２０１７年の総務省調査／平日・ネット利用は10代88・５％、20代

95・1%)、新聞を読んでいない大学生が圧倒的多数となっています。

新聞を読まなくてもどうにかなる就活生ないし社会人が存在することは確かです。ただ、就活生に限定していえば、新聞をちゃんと読んでいない学生ほど、読解力・文章力が劣っている傾向にあります。もちろん新聞は読まなくても文章量の多い本や記事を読んでいれば話は別ですが、そんな学生はごくわずかしかいません。

2020年にも大ヒットしたドラマ「半沢直樹」は、主人公である半沢直樹の人間性が高く評価されています。が、私はこの人間性に隠れている能力が読解力、と見ています。

証券会社編では、粉飾決算を明らかにして敵対買収を阻止。続く航空会社編でも敵対する政治家の不正融資経路を明らかにしました。これは主人公の人間性や行動力だけでなく、高い読解力がないと不可能な芸当です。

粉飾決算や不正融資を明らかにする必要のない就活生を、半沢直樹と同列に論じるのは無理があるかもしれません。ですが、様々な情報を得ていろいろと判断しなければならないアフターコロナの世界にあって、読解力・文章力は必須の能力。それを少しでも伸ばそうと努力をしない学生は就活でも苦戦することが予想されます。

新聞については、**「就活関連の記事」「就活生向けキャンペーン」「一日10分・読み飛ばし」「電子版」**の4点がポイントです。

まず、1点目の「就活関連の記事」ですが、新聞は毎日、必ず就活関連の記事が掲載されているわけではありません。ただ、毎週（または隔週）、就活関連の記事・コラムを掲載する新聞があります。

【全国紙の就活面・定期コラム掲載】
朝日新聞　「働く」面（毎週月曜）／教育面（日曜～火曜）
読売新聞　「就活ON！」（毎週火曜）／教育面（水曜～金曜）
毎日新聞　「教育の森」面（毎週月曜）
産経新聞　「経済#word」（毎週火曜）／「就活リサーチ」（コラム）　隔週か3週に1回・金曜
日本経済新聞　教育面・18歳プラス面・女性面（毎週月曜）／大学面（毎週水曜）／「就活のリアル」（コラム・毎週火曜夕刊）

読売新聞は「就活ON！」の掲載について、毎月1回は「就活ON！SPECIAL」として通常の1面から3面に拡大して掲載しています。他己分析、エントリーシートなど就活生が気になるテーマやキーワードを大きく出しているので参考になります。

地方紙・ブロック紙でも、北海道新聞、東京新聞、中日新聞などは就活関連記事の掲載に積極的です。

こうした就活関連の記事が掲載される曜日の新聞を読むだけでも、就活の情報量は大きく変わります。

なお、私は２０２０年６月から、「Yahoo!ニュース　個人・有料版」で「本日の関連記事スクラップ」を新聞休刊日以外は毎日、掲載しています。これは、私の主テーマである、大学、教育、就職、転職・キャリアに関連する記事が全国紙（朝日、読売、毎日、産経、日本経済）、ブロック紙（東京）、専門紙（日経ＭＪ／週３回刊）の７紙に掲載されていないか確認し、関連記事を全てリスト化して解説を付けたものです。解説は有料（月５５０円）、かつ、採用担当者や教育関係者向けなので、就活生は無理に読む必要はありません。しかし、有料版ながら無料公開部分ではリストを全公開しているので、こちらを参考にしていただくのもいいでしょう。

２点目の「就活生向けキャンペーン」ですが、新聞社各社は学生読者を増やそうと、就活生向けのキャンペーンをいろいろと展開しています。各新聞社サイトでご確認ください。

例えば読売新聞は、全国紙の中で唯一、電子版のみの契約を認めていません（月極め契約をすると、電子版が無料）が、２０２０年９月に、就職情報サイト「ブンナビ」登録者に対して、半年間、電子版をほぼ全文、無料にする、と発表しました。なかなか太っ腹なキャンペーンですが、読売新聞社内でもいろいろと意見が分かれているようで、このキャンペーン、あまり知られていません。

それ以外にも、就活生向けキャンペーンは各社展開していますので、自身の就活に合わせて検討してみてください。

「一日10分から＋読み飛ばし」がコツ

3点目の「一日10分・読み飛ばし」ですが、就活生に新聞を勧めると、「一度、読み始めたが全部読めずに挫折した」「全部読むのに半日かかりました」などと泣きつかれることがよくあります。

新聞は文字量から言えば、この新書だと2〜3冊相当分あります。私の新書がいくら読みやすくても3冊だと5〜6時間はかかるでしょう。新聞を読んでいる社会人もその大半は暇ではないので、必要な記事以外は見出しを読む程度です。

私は前記の通り、一日7紙読んで、「Yahoo!ニュース　個人・有料版」で関連記事スクラップを掲載しています。新聞各紙に目を通して、関連記事が一日に30〜40本前後（多い日だと60本を超えます）、それをリスト化して、解説記事を書いて公開するまで、その時間はだいたい4時間程度。事情を知らない就活生は「すごいですね」と驚いてくれますが、種明かしをすると、無関係な記事は見出しを読む程度で本文はろくに読んでいません。

就活生も同じです。自身にとって必要な記事はじっくり読むにしても、それ以外の記事は全部読む必要はありません。もし、新聞を読み慣れていない、というのであれば、**まず、朝に10分、見出しだけ読むようにしてください。10分でも全部の紙面を読めない、という方もいるでしょう。その場合は、1面と2、3面、経済面を最優先に読むようにしてください。**

1面は新聞各紙、大きなニュースや新聞社が読者に大きく知らせたいものを持ってきます。その解説や、1面掲載ほどではない大きなニュースが2、3面です。これに経済面の見出しだけを読んでいれば、その日の社会や企業の動きはだいたいを把握できます。

そのうえで、慣れてきたら10分を15分、20分に伸ばすとか、昼以降に改めて読む時間を作るようにしてください。

「見出しだけ読めばいいなら『Yahoo!』などネットでいいじゃないですか」と反論する学生や社会人がいますが、その未熟な口を閉じるように。

「Yahoo!」は私も記事を書いている媒体ですが、Yahoo!トピックスは、新聞の見出しに比べれば情報量が少なすぎます。これは、MSNなど他のネットニュースメディアも同じです。政治から経済、社会、スポーツ、芸能など網羅性という点ではどうしてもネットメディアは新聞に劣ります。

それに、ネットメディアは、新聞社各紙の記事を転載していますが、本題のみを掲載し、解説記事は軽視する傾向があります。

例えば、就活動向の記事が1面（もしくは経済面）に掲載され、その解説記事が別にあったとしましょう。ネットメディアに掲載されるのは間違いなく前者。実際には解説記事の方が情報量は多いのです。もし、ネットメディア頼みだと、本来読むべき記事を見逃してしまいます。これが新聞の見出しを読み飛ばす理由です。

4点目の「電子版」ですが、どうしても読むスピードが遅い、と嘆く就活生には電子版をお勧めします。もちろん、読むスピードがある程度早い就活生も同じ。

電子版は紙版に比べて各社とも安くしています。何よりも、紙版に比べて読むスピードが格段に上がります。ページをめくるのも、クリック一つで済むなど操作性に優れているからです。

それと、電子版だと、他地域の面・版を読むことができる新聞も多くあります。そのため、大学とは違う地域の企業に就職したい学生は、離れていても情報に接することが可能です。

電子版を読むコツとしては、どうしても時間がないときは電子版の記事リストだけを読むと相当早く読み飛ばすことができます。ただし、できれば、紙面ビューアーを使って読むようにしてください。記事リストだと、1面の大きな記事から小さな記事（ベタ記事）まで同一になっており、記事の大きさがよくわかりません。紙面ビューアーだと、どの記事が大きな扱いか、はっきりと出ています。

パターン別・就活生が読むべき新聞

就活生からは「どの新聞を読んだらいいですか」とよく質問されます。中には新聞記者や販売担当者に聞く学生もいますが、そんなの自分の社の新聞を勧めるに決まっています。

新聞社は各社、私もそれなりにつながりがあり、あまり固有名詞を挙げるのも微妙なところ。とは言え、それでは読者の就活生に不親切なので、独断と偏見で、パターン別に選んだのが次のリストです。

【パターン別お勧め新聞】

・就活全般を見ていきたい→読売新聞
・就活は大企業が中心→日本経済新聞
・就活は大企業中心／将来は出世したい→日本経済新聞＋読売新聞、朝日新聞、日経ＭＪなどもう１紙
・総合商社やグローバル系メーカーが中心→日本経済新聞＋読売新聞、できれば朝日新聞などもう１紙
・地方公務員・教員を希望→その地方の地方紙・ブロック紙のいずれか１紙
・マスコミ業界志望→朝日新聞、読売新聞、日本経済新聞の３紙＋産経新聞か毎日新聞（地方マスコミ志

望なら地方紙・ブロック紙）＋スポーツ紙

就活の情報量だけで見ていくと、日本経済新聞が圧倒し、その次が「就活ＯＮ！」を毎週掲載している読売新聞、その次が朝日新聞で、毎日新聞、産経新聞が続く、というところでしょうか。

ただ、日本経済新聞は、経済紙ということもあり、読み慣れるまでに時間がかかります。そのため、就活全般を見ていく、ということであれば、読売新聞。大企業中心というのであれば日本経済新聞がお勧めです。

出世希望であれば、日経、読売の２紙に朝日新聞か日経ＭＪなど３紙体制にしてください。総合商社、グローバル系メーカーだと３紙は読んでいて当たり前です。

よく、「日経は読んでもムダ」「新聞に出ていることはすでに確定している話で読んでも意味がない」などの主張があります。しかし、これは正確には「日経に出ている程度のことは把握していて当たり前」という前提があります。それくらい強気になれる就活生がいれば無理にお勧めはしないことは言うまでもありません（まず、いないと思いますが）。

地方公務員や教員志望だと、全国紙や日本経済新聞よりも、地方紙、ブロック紙が重要です。その地方の情報は全国紙よりも大きく出していますし、その内容が公務員や教員の選考に反映されることもあるからです。

マスコミ志望者は、最低３紙は読んでいて当たり前。私と同じ７紙とまでは言いませんが、４〜５紙は読んでいないと、新聞社だけでなくテレビ、出版、広告でも難しいでしょう。マスコミは情報を扱うのがビジネスとなる、特殊な業界です。政治、国際情勢から経済、芸能、スポーツまで幅広い知識を問う筆記試験が課されるのも、マスコミ業界ならでは。そうした筆記試験がなかったとしても、同等の知識がなければ選考に残れません。もし、奇跡的に内定まで行っても、社会人になってから仕事がつらく、すぐ辞めることになります。

私も、これまでマスコミ就活の学生を見てきましたが、新聞であれ、テレビであれ、内定を取って、仕事も長続きするのは、新聞をちゃんと読んでいる人だけです。中には新聞を読まずにマスコミ業界で長く働く人もいます。しかし、そうした人は新聞を読まない代わりに、仕事に関連する情報収集力が極めて高い人ばかりです。新聞１紙すら読めない学生に真似できるかどうか、私は疑問です。

（2） 動画・SNSなど

就活ユーチューブとの向き合い方

就活・採用関連についても、ユーチューブは拡大傾向にあります。

【就活関連の主なユーチューブ】

〔就活解説系〕

Utsuさん：就活ユーチューバーでトップの登録者20・2万人。10分前後の動画はひたすら解説

エルトの就活／転職チャンネル：登録者4万人／大手人材会社の出身者が就活・転職を解説

GOLILA-GOLILA（ゴリラゴリラ）：登録者5万人／小芝居を挟む解説が好評

Fラン大学就職チャンネル：登録者16・3万人／Fランと銘打っているがその内容は大半の学生に該当

【就活】ハナマルチャンネル：登録者290人／上田晶美氏のユーチューブ。内容はいいのに苦戦中

石渡嶺司：登録者230人／本書著者のユーチューブ。Zoom収録＋パワーポイント資料が特徴

〔企業・業界解説〕

カカチャンネル：登録者21・2万人／ゆっくり企業解説が中心。ブラック企業解説・金融解説などもあり

たわらもとチャンネル：登録者3・9万人／ゆっくり都市問題解説が中心

迷航空会社列伝 by akamomo：登録者２・９万人／航空業界解説が中心。なぜか多用の猫の静止画にファン多数
庭ファン：登録者３万人／現役のエクステリア商社マンによる解説。住設・庭関連の業界志望者向け
カジサック：登録者２１２万人／テレビ業界志望者ならプロデューサー対談などは要チェック
遊楽舎ちゃんねる：登録者52・３万人／姫路のゲーム店長氏がブレイク中。ゲーム業界裏話が面白い
グラフやさん：登録者４・６万人／グラフ作成系ユーチューブ。老舗企業ランキングなど企業ネタも多い

〔漫画動画系〕
メシのタネ：登録者４・５万人／個別の職種解説の他、就活の解説動画もあり
※その他、漫画タイム、毎日ショコラ劇場、七タドロップ、モナ・リザの戯言などに就活関連の動画あり

〔時事問題・ビジネス書解説系〕
ヒロシの時事ニュースチャンネル：登録者11・３万人。ニュース記事解説に定評。経済関連ニュースもあり
サラタメさん【サラリーマンYouTuber】：登録者49・２万人。ビジネス書解説が中心
中田敦彦のYouTube大学：登録者３１４万人。お笑い芸人・中田氏による解説はもはやメディアの域にまで
公式 池上彰と増田ユリヤのYouTube学園：登録者１・９万人。あの池上彰氏もユーチューブに参戦
スーツ 背広チャンネル：登録者31・５万人。鉄道系YouTuberの神がこちらで時事解説。ＪＲ就活にも言及

失敗小僧：登録者7・8万人。ホワイトボードの使い方と30分前後の長尺が特徴。学歴ネタも多数
〔採用担当者・現役社員系〕
【山パナチャンネル】山形パナソニック公式：登録者1440人。若手社員3人による製品解説など
森谷太祐：登録者1470人。京都の商社マンが就活を斬る
※登録者数は2020年10月現在

就活関連の動画はこのリストに出ているものが全てではありません。業界研究や職業紹介の動画も含めると、今後も拡大していく見込みです。

就活本論で言えば、Utsuさんが長く継続していて、フェイスブックなどで大きなコミュニティを形成するようにもなっています。

こうした就活動画は参考になるものも多くあります。ただ、動画によっては、やや情報が古いものもあります。それから、某学習塾の講師が入学式に乱入したり、就活生に対して「学歴じゃんけん」などと称する企画を展開するなど、迷惑系も目立つようになりました。

また、実際の評価とユーチューブの評価が逆転している例も多くあります。例えば、時事解説だと、池上彰さんは司会やコメンテーターとしてテレビで有名です。しかし、ユーチューブでは登録者が1・9万人。これに対して「ヒロシの時事ニュースチャンネル」はテレビ

などには全く出ていませんが、ユーチューブでは池上彰さんよりも登録者数・視聴者数を大きく上回っています。就活解説でも、上田晶美さんは日本経済新聞夕刊などで連載を持つなど、就活業界では相当な有名人ですが、ユーチューブでは登録者数２９０人とかなり苦戦、これは私も同じで、現在、登録者数は２３０人。皆さんのチャンネル登録、コメント、高評価お待ちしております、という、ユーチューバーっぽい挨拶はさておき、様々な動画がありますので、半分情報収集・半分息抜き、という感じで見ていくといいのではないでしょうか。

ＳＮＳはフェイスブックが有効

学生が使うＳＮＳといえば、インスタグラムかＬＩＮＥ、これに続くのがツイッターというところでしょうか。

ツイッターでは、裏アカウントを取得、そこで鬱憤を晴らす就活生もいるようです。一方、２０２０年９月には、本人特定サービスが登場した、ということで一時は話題になりました。採用担当者がどこまで利用するかは不明ですが、特定される・されないは別として、仕事の不満を匿名で出す人は、何か、仕事ができなそうなタイプが多いような印象がありますす。就活も同様で、不満があっても、自分自身で消化することが必要ではないでしょうか。

ＳＮＳでここ数年、見直されているのがフェイスブックです。２０１０年前後には、ツイッター就活、フェイスブック就活などが「ソー活」（ソーシャルメディア就活）として注目されていました。学生の利用者数が一気に増えたこともあり、その後、このソー活は一気に廃れます。

このうち、フェイスブックは実名が基本です。匿名性が薄いこともあり、社会人の利用者が多いＳＮＳです。学生の利用者は少ないのですが、その分、社会人と簡単につながれる、ということで就活生によっては、利用するようになりました。後述するＯＢＯＧ訪問や社会人訪問などでは、他のＳＮＳよりも、フェイスブックの方が簡単に探せます。

実名、という点で躊躇する大学生が多いのですが、もし、就活を有利に進めたい、ということであれば、フェイスブックを始めるのもいいでしょう。

なお、友達申請は社会人相手の場合、メッセージは必ず一言入れるようにしてください。私のところにも来ますが（基本的に承認するようにしています）、どこの誰か、わからないと承認しようがありません。怪しげなスパムも結構あるのでそれと混ざってしまうのです。

メールはチャットとビジネス文書の中間と心得る

就活では、採用担当者を含む社会人とメールをやり取りする機会が増えます。そこで、このメールについて、**「携帯メールよりＰＣメール」「チャットとビジネス文書の中間」「返信がない場合は時間をおく」**の３点を解説します。

まず、１点目の「携帯メールよりＰＣメール」について。

携帯メールは友人同士のコミュニケーションであれば便利ですし有効です。就活生からすれば、この携帯メールでいいじゃないか、と考える人もいるでしょう。

確かに社会人ないし企業によっては、携帯メールでやり取りすることが可能な場合もあります。ただし、必ずしもやり取りが円滑に進む、とは限りません。企業にもよりますが、メールの設定上、携帯メールのアドレスをスパムメールと認識して受け付けないようになっている場合があります。そうなると、いくら携帯メールで連絡しても、送信エラーになってしまうことがあります。

面倒でも、就活はＰＣメールを中心に使用していくことをお勧めします。

２点目の「チャットとビジネス文書の中間」、これはメールの書き方についてです。チャットだと友人同士のやり取りになるので、誰に送るか、などが明らかです。一方、ビジネス文書だと、「拝啓、山の木々も紅葉し～」など時候の挨拶なども入ります。

では、ＰＣメール、それも採用担当者を含む社会人に送る場合はどうでしょうか。

誰に送るのかは、送信先（受け取る側は送信元）で明らかだとしても、いきなり本題から入ると、違和感があります。特に社会人からすれば、学生からチャットとそう変わらない内容のメールが来ると、違和感どころか、マナー知らず、と怒り出す人もいます。

かと言って、時候の挨拶から入る、ビジネス文書と同じ書き方だと、どうでしょうか。これはこれで硬すぎます。特に用件がOB訪問の依頼や就活相談などであれば、これはこれで違和感を覚えます。

ではどうすればいいか、と言えば、それが「チャットとビジネス文書の中間」です。まず、誰に送るのかは面倒でも必ず書きましょう。メールの件名には、初めて送る相手なら「●●大学▲と申します（です）」など、どこの誰か、どんな用件かは書く必要があります。

3点目の「返信がない場合は時間をおく」について。なお、これはフェイスブックなどのメッセージも同様です。

社会人とやり取りするとき、返信がない場合があります。忙しくて見落としているかもしれませんし、単にエラーなどで届いていないこともあります。何か怒らせることがあったかもしれませんし、答えづらい内容だったかもしれません。

うまい就活生だと、時間をおいて、同じ内容を送る、違うメールアドレス（またはSNS）を使う、など変えていきます。見落としかエラーだと、これでだいたいは解決できます。

返信がない場合、少し時間をおいて再送するようにしてください。2度ほど再送して、それでも返信がなければ、ご縁がなかった、と割り切るしかありません。

オンライン化で簡単になった就活生主催セミナー・イベント

コロナショックにより、Ｚｏｏｍなどのオンライン会議システムを就活生・社会人双方とも使うようになりました。

その結果、就活生主催でオンラインのセミナーやイベントが簡単に開催できるようになっています。

私の場合、２０２０年、就活生主催のセミナー・イベントに呼ばれたのが5回ほど。それと、知己の社会人と「会社訪問体験セミナー」という交流会イベントを20年7月から毎月1回ペースで開催しました。それ以外にも、採用担当者や就活カウンセラー、大学教員主催のセミナーや課外講座に呼ばれたこともあります。

対面式のセミナー・イベントなら、時期はどうする、教室はどこをおさえてどこに話を通すのか、そもそも集客はどうするのか、など、ハードルはいろいろとありました。

しかし、オンラインによるセミナー・イベントはこうしたハードルの大半を軽々と越えています。参加地域は特に問いませんし、呼ばれる方も、移動の手間がないので気楽です。人数も、さすがに1人や2人だと困りますが、5～10人程度いるなら、オンラインなら十分です。時期にもよりますが、採用担当者などを呼ぶことも可能です。

就活の情報収集としては、大学キャリアセンターが主催するセミナー・イベントが一般的ですが、今後は就活生自らが主催するセミナー・イベントも規模を問わず増えていくでしょう。

なお、私自身は、就活生が呼んでくれるならオンラインでいくらでも対応します。気になる方はご連絡を。時期によっては知人の採用担当者も付いてきます。

オンラインセミナー・イベントは内定学生が主催することもあります。内定学生のアドバイスは就活生からすれば、成功者の言葉として染み入る、そんな事例をこれまでに多く見てきました。

内定学生は就活で内定を得ている、という点では確かに結果を出しています。年齢が近いこともあり、就活生には有効なアドバイスをすることが多くあります。ただし、内定に至るルートは内定学生によってバラバラです。タイプの違いなどもあるでしょう。それを全部わきに置いて絶対視してしまうのは、就活生に良い結果をもたらすとは思えません。

評価の難しい就活塾・オンラインサロン

１９９０年代の就職氷河期から登場したのが有料の就活塾です。数年で消えたものもあれば、現在も続いているものもあります。

２０１０年代に入ると、オンラインサロンが登場。就活ノウハウ系のオンラインサロンも出てくるようになりました。

就活塾は、定価があるようなないようなもので、高いところだと、数十万円。安くても数万円（半年間）というところ。私が調査したところでは、半年間で10万円から20万円に収まっているようです。エントリーシートの添削や就活ノウハウ関連のセミナー、社会人との交流などが主なプログラムです。

就活オンラインサロンも値段はバラバラで、無料のところもあれば、月数百円程度のところもあり、高いと月５０００円を超えるところも。プログラム内容は就活塾とそう大差なく、就活関連の記事配信が付く程度でしょうか。売り手市場だった２０１０年代後半も健闘し、新たに展開を始めた就活塾もあります。

なお、就活塾の亜流としては、ツイッターなどでエントリーシートの添削を宣伝する自称・就活支援者があります。最初は無料だったのに、2回目から有料になった、とか、最初から請求された、という事例もあります（なお、私もエントリーシート添削を無料で受け付けています〈詳細は１２３ページ〉。ただし、基本的に1回のみで終了とさせていただいています）。

こうした就活の有料サービスは判断が難しいところです。どこにお金を掛けるか掛けないかは個人判断ですし、払った額に見合ったサービスでよかった、という就活生もいれば、「たいした話でなかった」と怒る就活生もいます。

その就活生の方もいろいろで、情報や安心を金で買う、と割り切る就活生もいますし（心なしか、難関大生に多いような）、有料サービスを利用することで自分を伸ばすことのできた就活生もいます（もちろん、そうでない就活生もいます）。

就活塾・オンラインサロンの就活指導もその力量をはっきりと判定することは難しいものがあります。学習塾や大学受験予備校のようにある程度の人数が受講していれば、まだ判断できますが、就活塾・オンラインサロンはそこまで大きな存在ではありません。

就活生がよかった、と言えばそれ以上は何も言えなくなってしまいます。ただ、取材をした限りでは、大半の就活塾・オンラインサロンはやや古い指導方法にこだわりすぎているように感じました。

しかも、就活ノウハウにしろ、社会人交流にしろ、代替手段はいくらでもあります。ノウハウは大学キャリアセンターに、就職情報サイト掲載のコラム、就活支援型のインターンシップ・セミナーなどいくらでもあります。社会人交流もオンラインセミナー・イベントも含めればいくらでも可能です。

就活塾・オンラインセミナーは、こうした代替手段と比較して、価格、勧誘などで悪質性が高くないかどうか、様々な要素を合わせて検討することが必要です。

（3）OBOG訪問・就職情報ナビサイト

OBOG訪問のポイント

情報収集か、それとも選考の一過程か、微妙なところが、OBOG訪問です。

本書では情報収集の一手段として扱います。このOBOG訪問は「OBOG以外の社会人」「選考含みなら縁切れも」「万が一の対策」の3点がポイントです。

まず、1点目の「OBOG以外の社会人」について。OBOG訪問は卒業生の先輩に会って話を聞くことが目的です。卒業生の就職実績がない（または少ない）企業だと、該当するOBOGがいません。ここで就活生によって、卒業生がいないから、とあきらめる人と、そうでない人に分かれます。後者の場合、卒業生にこだわらず、話を聞こうとします。大学が同じなら話しやすい、ということもありますが、そうでないケースもあります。そもそも、「話を聞くこと」が目的であれば、卒業生にこだわらない方が得るものが多いのは言うまでもありません。

2点目の「選考含みなら縁切れも」、これはOBOG訪問が就活ルートの一つになっているケースについてです。OBOG訪問で1回（または数回）、喫茶店などで話をすると、役職者との面談に進む（あるいは、中盤以降の面接に進む）のが一般的です。

この選考含みのOBOG訪問だと、その就活生に、採用の可能性があるときは、企業側（OBOG）も就活生と定期的に連絡を取ります。人によってはLINEを交換して、しょっちゅう、やり取りするまでに至ります。当然ながら、就活生は「OBの●●さんと仲良くなった、これで就活勝ち組だ！」などと浮かれます。

ところが、この選考過程で落ちて、採用の可能性がなくなるとどうでしょうか。OBOGからすれば、就活生とやり取りをするのは業務の一環だからです。その必要がなくなると、連絡しなくなります。ドライと言えばドライですが、仕事である以上、社会人側は割り切って考えます。

たまらないのは就活生側で、昨日まで簡単に連絡が取れた相手からの返信が途絶えてしまいます。私もそうした相談に乗ったことがあるのですが、就活相談というよりは、恋人に振られた後の恋愛相談のようでした。酷な話ですが、OBOG訪問で急に連絡が途絶えたとしたら、これは選考落ちを意味しています。一晩、落ち込んだら次の企業を考えましょう。

3点目の「万が一の対策」。大半の社会人はOBOGとしてであれ、社会人としてであれ、学生のことを考えて相談に乗るなどします。ところが中には、就活生の弱みに付け込む、ろくでもない社会人がいる、これも事実です。実際、２０１９年には大林組社員、20年にはリクルート子会社社員によるＯＢＯＧ訪問を利用した就活セクハラ事件が起きました。これは、面接指導などを理由に自宅に連れ込み性的暴行を働いた疑いによるものです。

こういうろくでもない輩がいるため、ＯＢＯＧ訪問では、密室は絶対に避ける、個人情報（特に住所が特定できるもの）は出さない、酒席は極力避ける、など就活生側の自衛も必要です。そもそもコロナショック後は、直接会わなくても、Ｚｏｏｍで十分なはずですし。

就職情報ナビサイトは情報管理がカギ

就職情報ナビサイトは、リクナビ、マイナビなどが有名です。就活生もリクナビ、マイナビなどはよく登録しています。

就職情報ナビサイトは、従来型と逆求人型に分かれ、従来型は大手（リクナビ、マイナビ、日経就職ナビなど）、中堅（ブンナビ、ダイヤモンド就活ナビなど）、地方特化でさらに分かれます。

従来型は、学生が個人の基本情報（所属大学、名前、住所など）を登録すると、企業情報にアクセスできます。気になる企業はブックマークし、さらにインターンシップやセミナーの予約も可能。

逆求人型は従来型と流れが逆、ということで「逆求人」との名称が定着しました。学生は基本情報の他に、自己PRなどを作成します。企業側はこの自己PRなどを読んだうえで、気になる学生に説明会・選考参加を促すオファーを出します。JOBRASS（ジョブラス）、OfferBox（オファーボックス）、逆求人ナビなどがあります。

就職情報ナビサイトは、この従来型・逆求人型以外に、大学院生専用のアカリク、理系学生向けの理系ナビ、マスコミ業界に特化したマスナビ、体育会系学生向けのスポナビ、アスプラ、体育会ナビなど、特化型もあります。

大学によっては就活ガイダンスで主要なサイトを5社（あるいは6社以上）まとめて学生に登録させるところもあります。

就職情報ナビサイトは各社それぞれ就活生向けのコンテンツを充実させるようになっています。あまりにもコンテンツが多いため、過剰供給で就活生はその全てを使いこなしているわけではありません。

注意点としては、情報管理をどうするか、です。

複数のナビサイトを同一メール、しかも普段使いするメールアカウントで登録すると、どうなるでしょうか。ダイレクトメール、運営会社からの案内メールなど、様々なメールが飛び交うことになります。そのため、複数のメールアカウントを用意して使い分けるなど、情報管理を就活生それぞれが工夫しなければなりません。

さらに選考時期となると、企業は選考の日程調整をナビサイト経由で送信します。きちんと管理していないと、選考通知という重要なメールがダイレクトメッセージなどに埋もれてしまうリスクが出てきます。

(4) 情報の整理

メモはどう取る?

最後に情報収集の際の整理方法について解説します。ここでは「メモの取り方」「違うアドバイスが出たら」の2点について。

まず、メモの取り方からいきましょう。就活のセミナーなどを取材していますと、メモを取らない就活生と、きちんと取る就活生とに分かれます。話を聞くと、やはりメモをちゃんと取れている就活生の方が情報を整理できています。

メモを取らない就活生に、「なぜメモを取らないの?」と聞くと「取り方がよくわからない」「話を聞くのに集中したいので」などと答えます。

もちろん、就活生に、一度聞いた話は全て記憶できる能力があればメモを取る必要はありません。しかし、人間は多くの情報に接し、一定の割合で記憶が薄れていく生物です。

メモをちゃんと取らないと、何の話を聞いたのか、確実に忘れていきます。メモの取り方は、これも様々な手法があります。3色ボールペンがいいとか、黒と赤の2本用意しろとか、これも千差万別。

それぞれ自分に合う方法を模索してください。というだけでは不親切なので、ポイントを3点、説明します。

1点目は**「全部メモしようとしない」**。速記の能力があれば別ですが、そうでなければ、全部をメモするのは不可能です。それに、セミナーなどでそこまでメモをする必要性は全くありません。

2点目は**「自分が気になったフレーズ、話者が強調した点のみを書く」**。話す人によっては「ここ、重要」などと強調することがあります。その点はメモをするようにしてください。それ以外は自分が気になった点をメモする程度で十分です。

3点目は**「数字ははっきり書く」**。どうせ他の人が読むわけでもないし、とメモを流して書く人が多くいます。私もその一人。ただ、流しすぎるとあとで読み返すとき、何が書いてあるのか、わからない。これもメモ取りあるあるです。それでも前後の文脈から何を書いたか、判別できることもあります。それでもわかりづらいのが数字。「1」か「7」か、など、流して書くと、本人でも判別できません。数字ははっきりと書くようにしましょう。

「誰の話が正しい？」に答えたい

ここまでの内容もそうですし、次章以降のエントリーシート、面接でも様々な意見があります。

私が就活生にアドバイスをすると、「●●さんと違う」などとよく言われます。エントリーシートの添削をすると、「これ、大学キャリアセンターに添削してもらったのですが」という苦情とも感想ともつかないコメントが就活生から出ることも。

かくのごとく、就活生は様々なアドバイスや指導に囲まれ、悩むことになります。「一体、誰が正しいのか？」と。

では、次の選択肢のうち、どれが正しいと思いますか？（考える時間、20秒）。

A：石渡の意見が全部正しく、他が間違っている
B：石渡の意見が全部間違っており、他が正しい
C：あらゆる就活のアドバイスは間違っている

正解は、全部間違い。

まず、Aですが、私はジャーナリストであって、カルト宗教の教祖でも何でもありません。「我を信ぜよ」などと言うわけがありません。

Bも、まずあり得ません。例えば、エントリーシートの添削で「大学キャリアセンターの添削と違う」と言われて、「あー、石渡が間違っていた、ごめんね」と言うわけがありません。だったら、添削にあれこれかけた時間は何だったのか、となります。本書も、書くに当たっては相当な労力をかけています。それが「ここに書いていることは全部ウソです、ごめんなさい」なんて言うわけがありません。書いている内容がウソだらけ、と著者が認める本にお金を出してもいい、と思う就活生はまずいないでしょうし。

あえて言えば、Cが正解に近い、と言えます。ただ、私にしろ、大学キャリアセンターや就活カウンセラーなど他の就活関係者のアドバイスにしろ、それぞれ正しく有効な部分は多々あります。そのため、「間違っている」は言いすぎです。

では、何が正解か、と言えば、「あらゆる就活アドバイスは正しく、どの正しさを取るかは就活生次第」「ダブル、トリプルチェックで精度を上げる」「部分利用」の3点です。

まず、1点目、どの就活アドバイスも、それぞれの経験、取材などを元にしています。どれが正しいか、というよりは、どのアドバイスを取るか、その作業は就活生のものです。まして、アドバイスをした当事者に「誰が正しいですか？」と聞くこと自体、愚問です。

2点目は、誰か一人に依存せず、複数の情報に当たっていくことです。ダブルチェック、トリプルチェックをしていけば、それだけ情報の精度は上がっていきます。

３点目ですが、就活生によっては、全てのアドバイスを受け入れるかどうか、と悩む人もいます。「石渡さんのアドバイスは受け入れられませんでした」と謝罪を受けたこともありますが、なぜ、就活生が謝罪するのか、理解できません。いろいろと話を聞いていって、「ここの部分は石渡」「ここはキャリアセンター」など、部分利用していく、というのはよくある話です。

そもそも、**企業が何の技術もない学生を総合職として採用していくのはなぜでしょうか？それは自分の頭でちゃんと考えられる、判断できる人材が欲しいからです。**

誰かに言われたことだけやって、それ以外は何の判断もしない人材であれば、総合職として高い給料を払う必要はありません。アルバイトとしての採用で十分です。

社会人になれば、民間企業でも公務員でも、フリーランスでも、いろいろと判断しなければならないことが大学時代以上に増加します。その判断によって、企業の業績が大きく変わる、ということもあります。

その判断を下すとき、大学キャリアセンターも就活カウンセラーも（あるいは私も）、そばにはいません。アドバイスなどは聞いていくにしても、最後は一人ひとりが判断していくしかないのです。就活はその第一歩、と思ってください。

ここまで情報収集について解説しました。次の章では、エントリーシート、履歴書をどうまとめていくか、解説していきます。

第5章　しょぼすぎるエントリーシートはこう変えよう

(1) エントリーシートの基本

エントリーシートのしょぼさはあなたの経験とは関係ない

私はエントリーシート（以下ＥＳ）添削を一年で３００人以上見ています。

採用担当者でもなければ大学キャリアセンター勤務、というわけでもありません。ついでに言えば、完全ボランティアで就活生からお金を取っているわけでもありません。広い意味での取材になるからです（ハイシーズンになると依頼が多くなるため、断ることもあります。他の仕事の状況などによって返信できない場合もあります。それから、複数回にわたる添削はなく1回完結が基本、ＥＳ内容は個人が特定できる部分以外は記事・書籍等で実例として出すことなどを条件とさせていただいています。ご依頼の際はその点ご承知おきください）。

この経験から断言しますと、就活生のＥＳはそのほとんどがしょぼすぎます。

ここで、大半の就活生は「しょぼい」の理由が自身の経験、もっと言えば成果や実績にある、そう思い込んでしまいます。

もしも、体育会系の部長だったら、ＥＳはしょぼくなかったはず。もしも、ビジネスコンテストの優勝者だったら。もしも、学年首席であったなら。もしも、堀江貴文さんのようなビジネス感覚があったなら。もしも、もしも、もしも……。

ＥＳ対策本やネットに出ている情報を見ていきますと、確かに、内定者のＥＳは、わかりやすい成果・実績を元に構成されています。しかし、ここが就活生の誤解の元となっています。ＥＳはわかりやすい成果・実績の有無を問うものではありません。文章力、再現性の有無、構成の把握などの総合評価によるものです。

就活生が自身のことを「しょぼい」「平凡」と思っていても、実は勝てるチャンスは十分にあります。本章では、ＥＳ・履歴書（と自己ＰＲ動画）について解説していきます。

エントリーシートの５大基本

まず、就活におけるＥＳ・履歴書の基本ポイント5点からいきましょう。

1　実績より経過
2　時間をかけた話を出す
3　盛らない
4　設問の指示に従う
5　文章として読みやすく

【1　実績より経過】

この部分で、就活の序盤から就活生の90％が勘違いしています。そして、失敗した就活生の半数（石渡調べ）は、この点を誤解したまま、就活を終えています。体育会系学生ならスポーツ大会、よさこいサークルならよさこいのコンテスト、飲食のアルバイトならその飲食店での売り上げ、大学祭実行委員会なら入場者数、など、就活生はやたらと実績をアピールしようとします。

企業からすれば、そうした実績は、大きく気にすることはありません。サークルの部長であれ、よさこい大会で優勝であっても予選落ちであっても、それは誤差の範囲内です。誤差の範囲、というのは、要するに、だいたいが、しょぼい、と思っているからです。

こう断言すると、就活生は、だったら、何を書けばいいのか、と悩むでしょう。大丈夫、まだ先があるから。

企業からすれば、学生の自己評価がどうあれ、しょぼい実績には興味がありません。その反面、学生の自己評価でしょぼいと思っている「経過」には強い興味があります。

「なぜ、実績がしょぼいのに、自分がもっとしょぼい、と思っている経過に興味を持つのか」

就活生は奇妙に感じるかもしれません。しかしこれは、日本の新卒採用がポテンシャル（見込み）採用を選択する企業が大多数だからです。

「就活は即戦力採用の時代」などの話がネットでよく出ますが、これを選択する企業は、ベンチャー・中小企業の一部、それから体育会系学生の社員選手採用など、ごくわずかです。

ポテンシャル（見込み）採用は、3章でも出しましたが、もう一度、説明しますと、「〜してくれそう」と企業側が判断できるかどうか、です。

頑張ってくれそう、一緒に働けそう、会社を儲けさせてくれそう、体力がありそう、地味な作業をやってくれそう、新しい仕事に取り組んでくれそう、年上とコミュニケーションが取れそう、リーダーシップがありそう……。

全部当てはまる必要はありません。「〜してくれそう」でも何でもいいのです。何か一つあれば採用しようか、これがポテンシャル（見込み）採用のために、企業はＥＳや面接で就活生のどこを見て評価するのでしょうか。

ここで、覚えておきたいキーワードが**「再現性」**です。その企業に入社したとき、その能力が再現できそうかどうか。これが再現性です。

Ａ　大学祭実行委員会で委員長をしていました。私の代では前年に比べて集客を１５０％増やすことに成功しました。（51字）

Ｂ　大学祭実行委員会に所属。半年間、市内の飲食店を回り、スポンサーになってもらうよう、依頼していました。（50字）

Ａ・Ｂとも大学祭実行委員会での活動です。Ａさんは委員長という役職を出し、集客を前年よりも増やした、と強調しています。

実績重視と思い込んでいる就活生は、間違いなくＡのような書き方をします。しかし、委員長かどうか、集客を増やしたかどうか、それだけでは再現性は見えてきません。

そもそも、大学祭の集客は、天気や近隣校の実施の有無、大学による宣伝など様々な要素により、いくらでも変わります。それを就活生個人の実績、と出すのは無理があります。

その点、Ｂはどうでしょうか。「所属」としかないので特に役職はないのでしょう。スポンサー集めのために半年間、飲食店を回った、とあります。ここから「大学祭のスポンサー集めのために半年間、飲食店を回ったということは、うちでも営業ができそうだな」という再現性が見えてきます。スポンサー集めの結果、それが前年より増えていても現状維持でも減少でも、それは企業はどうでもいい、と判断します。

この再現性の有無を判断できる材料は実績ではありません。経過です。そのため、ＥＳでは経過を丁寧に書いていくだけで、通過率は劇的に変わります。

【2　時間をかけた話を出す】

C　私は●月●日15時の感動を一生忘れません。長く取り組んできた、リーグ入れ替え戦で創部以来、初となる3部昇格を決めることができたからです。野球にずっと取り組んできた私はその苦労が報われた思いでした。（98字）

D　野球部での活動です。3年間、補欠ながらチームの盛り上げ役として頑張ってきました。具体的には、負けが込んでいるときでも声を出すようにしていました。練習では後輩に声を掛けるよう意識しています。（94字）

野球部に限らず、大半の学生がＥＳで書くのはC。ところが、これだと、本人の思いが強い、野球にずっと取り組んできた、この2点しかわかりません。

「リーグ入れ替え戦」「創部以来、初となる3部昇格」がすごいことなのか、よくあることなのか、初見の人には理解不能です。「感動を一生忘れません」と言われても、事情を知らなければ「ああそうですか」くらいの感想しか出てきません。

そもそもＣだと、野球をどれくらいの期間、取り組んだのか、時間軸の情報が皆無です。

その点、Ｄはどうでしょうか。「３年間、補欠」という序盤の書き出しで、どれくらいの期間、取り組んだのか、時間軸の情報が明示されています。３年間、補欠であっても、チームの盛り上げ役として頑張ってきた、その情報から、どんな学生か、思い浮かべることができます。しかも、３年も続けた、ということであれば、それだけ説得力を持ちます。

このように、どれくらい時間を掛けた話なのか、出すか、出さないかで、採用担当者の印象は大きく変わります。

なお、この時間軸は、自己ＰＲとガクチカでは微妙に異なりますので、詳しくは該当項目で改めてご説明します。

【３　盛らない】

就活スラングで、ウソとまでは言わなくてもより良く見せようとすることを「盛る」と言います。中にはそれで内定を取ったと主張する内定学生や就活カウンセラーもいます。しかし私としては、ウソをつくな、本当のことを書け、と強調しておきます。

先ほどのＣ・Ｄは実は同一の就活生です。ここで、多くの就活生は「え？　補欠なんて地味な話でいいのですか？」「３部進出とか具体的な話の方がよさそうです」と思うことでしょう。

「ウソはよくないにしても、『準レギュラー』くらいにした方がよくないですか？」との質問も受けたことがあります。

企業からすれば「補欠」を「準レギュラー」と言い換えても、全く気にしません。では、「レギュラー」とか「キャプテン」などとしたらどうでしょうか。就活生は盛ることでＥＳ通過率が上がる、と思い込む人もいるでしょう。が、全く無関係です。

野球はもちろん、マイナー競技でも、いまどき、ネットでだいたいの試合情報などは出ています。仮に序盤の選考で通過しても、中盤以降、どこかのタイミングでウソが判明します。

これは、ネットなどには出ていない、アルバイトの「ホールリーダー」なども同じです。面接でいろいろと深く聞くでしょうし、そこでウソはほとんどが判明します。

仮にウソが判明しなくても、社会人になった後、どこかで判明します。余談ですが、ドラマ「相棒」シーズン12・第５話「エントリーシート」は自己ＰＲのウソを背景とした名作です。就活の息抜きと勉強を兼ねて、一度、見てください。

話を「盛る」「盛らない」に戻しましょう。

学生が、ウソをつくことに慣れているのであれば、もしかしたら就活、あるいは社会人以降も判明しないかもしれません。しかし、それなら無理に就活をしなくても、詐欺師になった方が稼げるかも!?

それに、99％以上の学生はウソをつくことに慣れていませんし、就活で間違いなく判明していきます。例えば、こちら。

> 私は××というファミリーレストランでホールを１年間、担当していました。来店者数が伸び悩んでいたとき、私はアニメ・▲のキャラクターグッズ配布によるキャンペーンを考案。受け入れられて、キャンペーンを実施したところ、来店者数が前年比２００％増を達成することができました。（１３２字）

一見すると、よくできた自己PRです。問題は、こうした自己PRを私が年に数回以上、読んでいる点にあります。私が年に数回読んでいる、ということは、そこそこ大きな企業の採用担当者であれば、もっと多いでしょう。

そもそも、ホールのアルバイトを1年程度の学生が、アニメキャラクターを利用したキャンペーンを考案できるわけがありません。

そこで私は、「へー、すごいね」と褒めつつ、詳細を聞いていきます。

「あのアニメ、人気でしょ？　版権利用料はいくらかかった？」

「法務部との打ち合わせは大変だった？」

これにあと数問、聞くと、全員、「すみません、実はウソです」と頭を下げます。ウソをつくと、就活生は企業から「この学生は入社前からウソをつく。ということは入社後、何かミスをしてもウソをついて隠蔽しようとするはず」と考えて落とします。

もちろん、そうした就活生を受け入れる企業がゼロとは言いません。受け入れるとしたら、顧客を騙すのが当たり前の、反社会的な企業でしょう。

そうした企業に就職したいのであれば、盛るのも有効です。しかし、そうではない、ちゃんとした企業に就職したい、ということであれば、盛ることは絶対にやめましょう。

【4　設問の指示に従う】

これは、企業の指示をちゃんと守れるかどうかが見られています。

「自己ＰＲを書いてください（４００字以内）」であれば、５００字など、オーバーするのはアウト。

「会ったときにお話しします」「詳細はウェブで」などはユニークと言えばユニークですが、これも指示を無視しています。

ＥＳの設問指示を守らないようだと、「入社後も勝手に行動しそう」「上司や先輩社員の指示を無視しそう」など、ネガティブな見込みが立ち、選考落ちの確率が高くなるだけです。

【5　文章として読みやすく】

実は、これを意識していない就活生があまりにも多すぎます。私に限らず、就活カウンセラーや大学教員など社会人が手を入れると、ある程度、読みやすくなり選考通過率が上がります。これは、就活生が文章の読みやすさを軽く見ているからに他なりません。

書くときの基本

ESを書くときの文章にもおさえておきたい、いくつかの基本があります。

【文体は「ですます」調がお勧め】

まず、文体は、大きく分けて「ですます」調と「だである」調の2種類があります。「ですます」調とは、文末を「～です」「～ます」などの丁寧語に統一する文体です。正式には「敬体」と言います。読み手に対しては、丁寧で柔らかな印象を与えます。「だである」調とは、文末を「～だ」「～である」と書く文体です。正式には「常体」と言います。「ですます」調よりも強い断定形になり、やや堅い印象を与えます。

文章では、この「ですます」調と「だである」調、どちらかで統一する必要があります。ごくまれに、混合する小説や詩などもあります。これは例外であり、就活においてはどちらか、とお考えください。

文体は、どちらが良くてどちらが悪い、選考通過確率を左右する、というわけではありません。私の取材・添削経験から言いますと、理工系学部、教育系学部だと若干、「だである」調が増えるかな、という印象があります。

「だである」調は論文で多用されている文体であり、論文・専門書を読み込む学生からすれば慣れている、というのもあるでしょう。それから、「だである」調は「ですます」調に比べ、文字数を少なくすることができます。

どちらかと聞かれれば、私は「ですます」調をお勧めしています。理由は、次の項目で説明する文末です。「ですます」調だと、いろいろ変えることが可能です。一方、「だである」調だと、「ですます」調に比べて、やや単調になりがちです。読みやすさを出すなら、「ですます」調をお勧めします。

【文末は適度に変える】

文部科学省初等中等教育局国際教育課が作成した作文指導のページ（「補習授業校教師のためのワンポイントアドバイス集」10作文-6「よい文章を書くための15か条」）にも、「上級-13」で「文末の表現を多彩にする」と明記されています。

ところが、就活生のＥＳの多くは、文末表現が実に単調です。

【改善前】　コンビニエンスストアのアルバイトです。先輩方が辞めて、自分が他の従業員を引っ張っていかなければならないという責任感からシフトリーダーを引き受けました。シフト決めの時間が長すぎるという問題を抱えていたので、その解決に、特に力を入れました。シフト決めが円滑に進むように、勤務可能な曜日を、あらかじめ従業員から聞いて、表にまとめ、話し合いの際に、みんなで共有できるようにしました。その結果、以前より30分以上も早くシフトを決めることができるようになりました。（226字）

文末表現だけ見ていくと、冒頭だけ「〜です」。以降は「〜ました」が4回も続きます。小学校の国語教員に見せたら、「うちの児童の方がまだうまい」とため息が出るに違いありません。

就活生にこの文末表現の単調さを指摘すると、意外そうな顔をされます。

「え？　だって、内定者のESもみんなこんな感じでしたよ」

「過去の話だから『〜でした』『〜ました』の繰り返しになって当然ですよね？」

中には、「『〜でした』『〜ました』の繰り返しでいい、と就活カウンセラーに指導されました」という就活生もいました。

文末表現が単調だと、文章が読みづらくなります。では、どうすればいいか、まずは改善例をどうぞ。

【改善後】 コンビニエンスストアのアルバイトです。仕事を始めてから1年後、先輩方が辞めてシフトリーダーが不在になりました。私は他の従業員を引っ張っていかなければならないという責任感からそれを引き受けたのです。当時は、シフト決めの時間が長すぎるという問題を抱えていました。そこで他のアルバイトから勤務可能な曜日を早いうちにヒアリング。それを表にまとめて、共有するようにしました。その結果、シフト決定の時間を30分以上、短縮させることに成功しました。(217字)

文章の内容はほとんど手を付けていません。文末をひたすら変えていきました。冒頭の文から文末だけ拾っていくと、「〜です」「〜ました」「〜のです」「〜ました」「ヒアリング(体言止め)」「〜ました」「〜ました」。

同じ文末は2連続にとどめています。間違いなく、こちらの方が読みやすくなっています。過去の話でも、「〜だったのです」など、文末表現を変えることは可能です。それから、「従業員から聞いて」を「他のアルバイトから〜ヒアリング」と体言止めも出しています。

こうした添削をすると、「文末表現は同じでないとダメ、と聞いたのですが」「体言止めはよくない、失礼な書き方と言われたことがあります」などの反応があります。

「文末表現が同じではダメ」は、「文体」と勘違いしています。体言止めは、多用すると確かにそれはそれで単調になります。ですが、相手に失礼、ということはまずなく、これも単なる誤解でしょう。

文末表現については、何回繰り返したらダメ、という明確なルールはありません。就活のＥＳはその大半が1項目４００〜５００字程度です。この文字量を考えますと、「同じ文末は2連続が限度」「体言止めは1項目について1回。どんなに多くても2回」がちょうどいいところではないでしょうか。

【文章は適度に短く】

前の項目でも出した文科省の指導ページでは、「文（センテンス）を短くする」を「初級３」で出しています。ところが、この文章の長さも、ＥＳとなると、やたらと長文化してしまいます。

【改善前】 自分の課題を分析し、チームに貢献できるよう努力をしてきました。私が所属していたサッカーサークルは、上級生の技術が高くレギュラーが定着していることもあり、技術の劣る私には、めったに試合への出場機会が与えられませんでしたが、私は、体が全体的に硬く、スタミナがないという欠点がありました。（１４１字）

自己PRであれば冒頭も気になりますが、その次の文章が異様に長いです。なんと110字もあります。

この一文を分解していきますと、要点が3点、入っています。

1　私が所属していたサッカーサークルは、上級生の技術が高くレギュラーが定着している
2　技術の劣る私には、めったに試合への出場機会が与えられていなかった
3　私には、体が全体的に硬く、スタミナがないという欠点があった

これを一気に伝えようとするのは無理があります。そこで、文章を分けていくとどうなるでしょうか。

【改善後】　自分の課題を分析することです。そのうえで、チームに貢献できるよう努力をしてきました。私が所属していたサッカーサークルは、上級生の技術が高くレギュラーが定着。私には、めったに試合への出場機会が与えられません。私には、体が全体的に硬く、スタミナがないという欠点がありました。（135字）

こちらも内容は変えていません。改造前・二文目の文字量は110字でした。これを改造後は、36字・25字・32字と、それぞれ短くしています。

一文の文字量は、文末表現の繰り返しと同じく、明確なルールがあるわけではありません。**私は一般的なESであれば、「一文40字以内が原則」「一項目500字以内の場合、50～60字の文章が2文以内ならOK」としています。**

この2点で、読みやすさが相当、変わります。なお、本書は総計12万字以上もの分量のある就活本です。そのため、前記の条件から外れた文章が多々ありますので念のため。

また、設問からわかる主語にも注意が必要です。例えば設問が「学生時代頑張ったことを教えてください」だった場合、書き出しを「私が学生時代に頑張ったことは～」とする就活生がよくいます。

これで落ちる、とまでは言いません。ただし、この場合、書き出しで14字、使っています。設問から主語が明らかな場合は省略しても十分に伝わります。

ただし、設問によっては、指示が複数ある場合もあります。例えば、「あなたの学生時代に頑張ったこと、その過程から得たものをそれぞれ答えなさい」だと、回答すべき内容が2点あります。この場合、どちらの指示に対する回答か、はっきり書く方が読み手に対してより親切になります。そこで、書き方としては「私が学生時代に頑張ったことは～、この過程から得たものは〜」と、なります。

【接続詞は繰り返さない】

【改善前】私はサークルの雰囲気を良くするようにしました。
後輩とは積極的にコミュニケーションを取るようにしました。
また、できるだけ不満を受け止めるようにしました。
あと、先輩とも話すようにしました。
あと、先輩に後輩の不満を話すときは要点をまとめるようにしました。

私は全国の大学、企業、経済団体などで就活講演・セミナーをしています。2020年からはオンライン開催も相当増えました。呼んでいただいた大学、企業、経済団体の方には感謝でいっぱいです。という恩を仇で返すようですが、モヤッとするのが、接続詞の繰り返しです。「また〜あと〜あと〜あと〜」と終わりが見えません。

これは、就活生も同じです。文例にあるように、「また〜あと〜」を繰り返します。

ESでも、一項目400字の中に、「また」「あと」でも、「それから」でも、同じ接続詞を多用していると、それだけで読みづらくなります。接続詞は、一項目につき1回のみ。何度も同じ接続詞を使いそうになる場合は、類似の接続詞に変えるようにしてください。あるいは箇条書きにしたい場合は後述しますが、記号を使う箇条書きではなく、文章による箇条書きにしてください。接続詞の繰り返しを解消するとどうなるか、先の項目の文例だと、次のようになります。

【改善後】私はサークルの雰囲気を良くするようにしました。まず、後輩とは積極的にコミュニケーションを取るようにしました。話を聞くときは、不満を受け止めるようにしたのです。それから、先輩とも話すようにしました。さらに後輩の不満を伝えるときは要点をまとめるようにしました。

このように変えるだけで、接続詞の不要な繰り返しが解消できます。読みやすさ・聞きやすさも大きく変わるでしょう。

なお、接続詞の使い方については、『文章は接続詞で決まる』（石黒圭、光文社新書、２００８年）が名著です。接続詞の使い方や文例が豊富であり、文例集ないし接続詞の辞書代わりにすると、文章力がさらに上がります。

【見出しは不要】

新聞記者出身者が学生相手の文章講座を開くと、この見出し付けをやたらと強調される方がいます。

新聞記事、雑誌・書籍でも、見出しやタイトルをどう付けるか、相当重要です。私も出版業界にいる身、見出しやタイトルをどう付けるか、読者の想像以上に神経を使っています。ただし、一般的なＥＳ・履歴書においては、見出し付けは不要、と私は就活生に指導しています。

理由は簡単で、文字量の節約です。冒頭に見出しを付けて、さらに改行すると、20～30字程度を消費してしまいます。それで読みやすくなるならいいでしょう。が、一般的なＥＳ・履歴書は一項目につき、４００～５００字程度。これで、20～30字を見出しに使うくらいなら、もっと違う情報を伝えられるはず。

見出しを付けると、選考落ちする、とまでは言いません。ただ、文字量を考えれば無理に付ける必要はない、と私は考えます。就活におけるＥＳで見出しを付けるとしたら、１０００字以上の長文パターン、それから、フリー方式のものです。この場合は、逆に見出しがないと読みづらくなるので付ける方がいいでしょう。

【箇条書きは×】

伝えたい内容が複数あるとき、箇条書きにしてもいいか、と就活生から質問されることがあります。

これは就活カウンセラーなどでは意見が分かれるところで、箇条書きを勧める方もいますが、私は箇条書きではなく、文章にするよう、アドバイスをしています。

特に記号を使った箇条書きはやめましょう。どうしても箇条書きにするのであれば、「第一に〜第二に〜」など文章による箇条書きにしてください。

箇条書きをやめた方がいい理由は前項目（「見出しは不要」）と同じです。一項目４００〜５００字程度なら、箇条書きにする意味があまりありません。

箇条書きにした方がいいケースは、これも前項目と同じで、１０００字以上の長文パターン、フリー方式です。いずれも、箇条書きを使うと、いいアクセントになります。

なお、私がこれまで添削してきた経験から言いますと、箇条書きを使いたがる就活生で文章がうまい、読みやすい、という人は一人もいませんでした。これも、箇条書きを勧めない理由の一つです。

（２）自己ＰＲ

自己ＰＲのポイント

続いて、自己ＰＲについて、解説していきます。ＥＳのお題は大別すれば「自己ＰＲ」「ガクチカ（学生時代に力を入れたこと、略してガクチカ）」「志望動機」の３点です。

ES解説本の多くは、志望動機を最重要としています。ですが、2010年代に入り、志望動機の位置づけは落ちています。代わりに重視されるようになったのが、自己PRとガクチカです。本項では、自己PR、ガクチカ、志望動機の順に解説していきます。

自己PRは、就活生個人の人間性や能力をアピールする項目（設問）です。ただし、就活生本人には、何が相手に響くのかわかりづらい、という傾向があります。

本項では、この自己PRについて、就活生が誤解しやすい点を提示していきます。

【時間軸／長いほど説得力がある】

自己PRは、ガクチカと異なり、時期を指定していません。ということは、大学以前のネタを出してもOKです。

ただし、極端に古い話、中学生時代に生徒会書記をやっていた、とか、小学生のとき友達の喧嘩を仲裁した、とか、そこまでいくと古すぎます。せいぜい、高校生くらいでしょう。

それと、自己PRの具体例として出すネタについて、かけた時間が長ければ長いほど説得力が増します。

大学生になってからも続けていることで、小学生のときに始めた、ということであれば最強です。もちろん、ウソはアウト。自己PRとガクチカでネタの選択に迷った場合は、期間の長い方を自己PRにすることをお勧めします。

できれば半年程度、続いたネタを出すようにしてください。もちろん、半年未満ということであれば、そこはウソをついても意味がありません。自身のアピールできるネタの中から、半年未満であっても長いものを選ぶようにしましょう。

【アピールしたい能力は一つが大原則】

私は大変我慢強い性格です。また、困難な状況に至っても多少のことではあきらめません。また急な対応を求められた場合に冷静に対処することができます。アルバイトでの接客経験があり、他人とのコミュニケーションが必要な仕事をこなすことができ、電話での接客経験もあります。仕事においては効率面を考慮しつつ、基本自分なりの考えを持って行動しますが、周囲との協調性を大事にします。（181字）

この文章、接続詞の使い方、文章の長さについても添削したいところですが、ここでは自己PRに注目します。この文例では、「我慢強い性格」「あきらめない」「冷静に対処」「コミュニケーションが必要な仕事をこなす」「周囲との協調性」と自己PRが5点も出てきます。

これを書いた就活生は自分は全部兼ね備えていると考えたからこそ出したのでしょう。実際にそうした就活生がいるかもしれません。それでも、ここまで羅列すると、企業からすれば再現性が見えてきません。つまり、自己PRのようで全くアピールできていないのです。

自己PRは1ネタが原則です。2ネタ以上書くと、その分だけ、企業へのアピールが薄くなってしまいます。

自己PRの項目が1000字以上あるならまだしも、500字程度か、それより少ないのであれば、1ネタで通すことが大原則です。

【冒頭は極力、短くする】

【改善前】私は、どんな困難があっても、負けず、くじけず、立ち上がることを信条とした、状況を冷静に見ながら対応する行動力があります。（60字）

自己PRでは個性を出そう、とよく言います。私も同感です。冒頭に結論を書こう、とのマニュアルも就活生には広く知られています。これも私は同感です。

ところが、「個性を出そう」と「冒頭に結論を書こう」、この2つが混ざると、途端に伝わりにくい文に変わります。

冒頭の文例がその典型。あれも言いたい、これも言いたい、と詰め込んだ結果、どうでしょうか。何をアピールしたいのか、よくわからない文となってしまいました。

自己PRの冒頭は、できるだけ短くすることをお勧めします。

まず、「私の強みは～です」「私の長所は～です」などの定型文にしましょう。それから、冒頭は「私の強みは粘り強さです」など、「～」の部分は1フレーズにすること。

「そんなの、他の就活生と大差ないじゃないですか？」と思った方、そうです、冒頭は大差ありません。その代わり、２文目以降にカラーを出すようにしてみてください。

先ほどの文例を改善すると、こうなります。

【改善後】　私の強みは行動力です。どんな困難があっても、負けず、くじけず、立ち上がることを信条としています。そして、状況を冷静に見ながら対応するようにしています。（75字）

この改善例、原文の内容は変えていません。これを書いた就活生に「一番、アピールしたい能力は1フレーズだと何？」「えー、ですから、ここに書いているように……」「うん、長すぎるから、単語1個にして」「えーと、えーと……」という詰問、もとい、ヒアリングの結果、「行動力」となりました。そこで、冒頭は「私の強みは行動力です」と、誰でも書けそうな短文にしています。「どんな困難があっても～」は一度区切って、２文目以降にしました。これにより、読みやすく、しかも、どんな能力をアピールしたいのか、企業側にも伝わります。

【自己分析、他己分析から得られた内容を盛り込む】

自己ＰＲで書く内容は、自己分析が元になります。ただし、その自己分析が表面的なものだったり、学生の思い込みだったり、あるいは、一度やって終わりだったり、いろいろと迷子になりやすいのが自己分析の特徴です。

もし、うまく書けない、と悩むようであれば、改めて自己分析をやり直してみてください。併せて、他己分析もお勧めします。就活生一人だと見えていなかった良さが浮かんできて、自己PRを構成できる可能性が高くなります。

他己分析については75ページを参照してください。

自己PRで落ちやすいネタ9選

ここでは、自己PRで出すと落ちやすいネタを9本、用意しました。それぞれ、どう変えたらいいかも含めて解説していきます。

【その1：短所・自己否定ネタ】

設問で「あなたの短所を教えてください」であれば、それは正直に書きましょう。ですが、単なる自己PRで、設問に指示が特にないのに、延々と自身の短所や自己否定を書く就活生がたまにいます。

目立つと言えば目立ちますが、企業からすれば、欲しい人材とは思えません。漫画であれ、映画・ドラマであれ、様々なキャラクターが登場し、それぞれ、ファンが付きます。ところがほとんどファンが付かないキャラクターがいます。それが、卑屈キャラ。卑屈で自己否定が強すぎると、ファンは思い入れを持つことができません。これは就活でも同じです。

就活生本人に自信がなくても、そこは頑張って前向き、かつ、企業が再現性を見込める自己ＰＲを作成していきましょう。

【その２：趣味・習い事自慢】

「私の趣味は～です」という自己ＰＲだと、単なる趣味自慢です。企業は何の再現性も見出せません。習い事なども同じです。もし、趣味や習い事を自己ＰＲに出すとしたら、続けた理由や続けたもので得られた人間性などをまとめる必要があります。

【その３：マニュアル偽装】

マニュアル偽装でよくあるパターンは次のようなものです。

コンビニアルバイト：お客様にストローを付けて出すようにした。熱いものと冷たいもので、袋を別々にするようにした。

居酒屋アルバイト：おしぼり・灰皿はこまめに交換するようにした。

ステーキ屋・ラーメン屋アルバイト：「熱いのでお気を付けください」と声を掛けるようにした。

ドラッグストアアルバイト：できるだけ声を掛けるようにした。

例で挙げた文から、「私はお客様を大事にしています」「ホスピタリティ精神があります」などの自己PRにつなげる就活生がよくいます。

このパターンの何がまずいのか、と言うと、「学生の努力ではなくて、マニュアルでしょ？」と思われる点です。

実際、マニュアルに書いてある内容を学生個人の手柄としてまとめる学生は全国にいます。そうした内容のESを採用担当者はよく読むので「飲食店などのアルバイトネタはありきたり」との批判が出るほどです。

就活生によっては、自ら工夫したことでマニュアルにはなかった、と主張されるかもしれません。

実際に、声掛けやサービスなどをアルバイトの現場裁量に任せているところもあります。ただ、マニュアルに書いていなくても、実践している店やアルバイトは多い、という前提で考えると、マニュアル偽装と勘違いされても致し方ありません。

では、自己PRをどうまとめればいいでしょうか。まず、アルバイトをネタにするのは問題ありません。とは言え、マニュアルネタ、あるいはマニュアルを個性に偽装した、と誤解される話ではなく、就活生ならではの話がないか、他己分析などからまとめるようにしてください。

【その４：名言引用】

歴史上の偉人などの名言を「座右の銘です」などと出すパターン。短い名言を出す程度ならまだしも、「この名言には～という背景があり～という意味があります」など解説を加えていくとどうでしょうか。これは就活生本人の自己ＰＲではなく、名言解説集と化していきます。それでは、企業側は再現性を見出すことができません。

【その５：肩書自慢】

私は文芸サークルの副代表でした。副代表は多忙な代表をサポートし、一般部員との懸け橋になる一方、サークル連合会での調整役としても活躍し、さらに、ＯＢとの調整役としても頑張りました。（89字）

自己ＰＲだけでなく、ガクチカでもよくあるパターンです。サークルや部活の肩書について延々と説明することで自己ＰＲ、ガクチカを構成できる、と勘違いする就活生が多数います。企業からすれば、サークル・部の役職や規模などはほとんど気にしません。代表であれ、副代表であれ、平の部員であれ、どんなことにこだわったか、経過を気にします。

それが肩書の説明、というか自慢が続くと、再現性が見えません。これも落ちやすいパターンの一つです。

冒頭の文例だと「サークル連合会での調整役」「ＯＢとの調整役」と当事者以外にはわか

らない内容が続きます。このどちらかに絞って、学生個人のこだわり、経過などを書いていくといいでしょう。

【その6：イベント自慢】

エシカルファッションショーの開催です。ゼミでソーシャルビジネスを研究しており、その研究活動の中で「エシカルファッション」という考え方に出会いました。エシカルファッションとは環境や労働問題などにも配慮したファッションを意味します。この概念の普及を目的として、ファッションショーを企画しました。（１４５字）

難関大の就活生に多くいるパターン。イベントなどを主催、それが成功した、ということで、その内容を自己PR、ガクチカに出そうとします。

具体例として出すのは全く問題はありません。ただし、文例のように、イベント説明を長々、書くとどうでしょうか。就活生本人の話が、イベント紹介に変わってしまっています。

企業が期待するのは就活生本人の話であり、イベントではありません。これも再現性が見込めず、落とそう、となってしまいます。

もし、イベントなどをネタにする場合は、その説明は短めにして背景にとどめる必要があります。

【その７：資格・成績自慢】

前の「イベント自慢」と同じです。資格や勉強について、その概要を書くだけでは、資格や勉強の説明であって、本人の説明にはなりません。

資格・勉強の話を書くとしても、いかに就活生本人の話にするのか、工夫する必要があります。

【その８：好きなことは頑張る】

その２の趣味・習い事自慢と似ています。

「私の強みは好奇心です。好きなことはとことん、追求するようにしています」とあると、企業側は疑いを持ってしまいます。

すなわち、「好きなことはやるが、嫌いなことはやらないのではないか」というネガティブな再現性が見え隠れしてしまうのです。

社会人になると、企業であれ、公務員であれ、フリーランスであれ、嫌いな仕事や作業を含むことがよくあります。そこから逃げるような社員は企業からすれば好ましくありません。この「好きなことは頑張る」アピールは、企業から敬遠されるリスクが他の自己ＰＲより高い、と言えます。

ただし、企業・採用担当者によっては、「好奇心をどのように広げているのか、面接で確認してみたい」として、書類選考を通すケースもあります。

【その9：当たり前の話】

コンビニアルバイト：私の強みは～です。コンビニエンスストアでのアルバイトで培いました。仕事は、レジ打ちと接客と清掃と商品の品出しなどです。

大学の勉強：私の強みは～です。大学の勉強に特に力を入れました。試験に合格するために、図書館に通い、わからない部分は担当の先生に確認するようにしました。試験前にはノートを読み返し、教員指定の参考書を確認するようにしました。

採用担当者がESについて、「就活生の書く内容はほぼ同じでうんざりする」、いわゆるありきたり批判があります。このありきたり批判、半分くらいはこの「当たり前の話」に起因しています。

コンビニアルバイトなら、「レジ打ちと接客と清掃と商品の品出し」が主な仕事になることは日本人の99％が想像できるのではないでしょうか。ということはわざわざ書くほどの話ではないということです。

大学の勉強も同じです。試験前に「図書館に通わず」「ノートを読み返さない」大学生は単位認定が厳格となった昨今、どれくらいいるでしょうか。ほとんどいないはず。これは体育会系の練習なども同様です。

仮に、こうしたネタを自己ＰＲ（あるいはガクチカ）で出すとしたら、就活生個人がこだわったことや性格、経過などを書き、企業に再現性を見込んでもらえるように工夫する必要があります。

⑶ ガクチカ

ガクチカのポイント

「学生時代に頑張ったことは何ですか？」という設問（面接では質問）はよく出ますし、就活スラングでは「ガクチカ」などと言われています。このガクチカは自己ＰＲと同様、志望動機よりも重視する企業が主流となっています。

ただし、後述しますが、「頑張ったこと」「力を入れたこと」という設問から、自分には書けない、と勘違いしてしまう学生が多くいます。

その逆に、ネタの選択、時間軸、構成などを古い手法でまとめようとして失敗するなど、就活生がうまくアピールできない設問でもあります。

ここでは、このガクチカについて解説していきます。

【時間軸／学生時代に限定】

ガクチカの設問はその大半が「学生時代」と時期を限定しています。

この設問の限定を無視すると、企業からすれば「設問の指示をちゃんと守れない」として評価が相当、下がります。指示無視以外にも企業側は、「大学生なのに、設問の指示を無視してまで、高校以前の話を書くのはどうしてだろうか？　よほど、大学生活に自信がないのか」などと考えてしまいます。

次の項目で改めてご説明しますが、わかりやすい成果・実績がなくても、ガクチカは十分に構成できます。

「大学時代はたいした実績はない。中学校のとき、陸上の部長をやっていたから、それを書こう」という発想は、わかりやすさ、という点ではその通りかもしれません。

実際は、「設問の指示を無視」「大学生活によほど自信がないのか」という2点で相当な減点となります。

この「学生時代に限定」の例外は3点あります。

1点目は「ガクチカ」設問で「あなたのこれまでの人生で一番頑張ったことは何ですか？」など、時期を限定していないパターン。これは「学生時代」と限定していないので、高校以前の話を書いても問題ありません。

2点目は、企業側が高校以前の話を認めているパターンです。リクナビ、OpenESなどで設問には「大学時代」と明記してあっても、企業・採用担当者によっては「高校以前の話の方がアピールしやすい、ということであれば書いてくれて問題ない」と話しています。このパターンも、企業側が認めている以上、高校以前の話で全く問題はありません。

3点目は、短大・専門学校生の就活です。2年制だと、実質的には1年生から就活が始まるため、学生時代と言われても、書けるエピソードが多くありません。企業側もそれはわかっているので、高校以前の話に変えることを認めています。ただし、企業によっては頑なに、「学生時代」にこだわります。このあたりは、キャリアセンターなどで情報収集をした方がいいでしょう。

なお、ガクチカのエピソードの期間ですが、「大学時代」と限定していて大学3年生なら、どんなに長くても3年間。インターンシップや選考時期によってはもっと短くなります。そのため、自己PRよりも期間は短くなって当然。ネタの選択としては「3ヵ月以上」を一つの目安にしてください。

【頑張っていない、と感じても力まずに】

ガクチカは、就活生が「書けるエピソードがない」と悩む設問です。私も就活相談でそうした悩みをよく聞きます。ところが、いざ、添削してみるとどうでしょうか。ほとんどが、ちゃんとアピールできるエピソードを持っています。これまでの添削経験から言いますと、1000人就活生がいれば、アピールできるエピソードをどうあがいても持っていない方は数人いるか、という程度。

就活生に聞くと、「わかりやすい実績を残したわけではないので、ダメだと思った」「そこまで頑張ったわけではない」などの返事でした。

ESの基本説明の項目でもご説明したように、企業は就活生に対して、わかりやすい成果・実績を求めているわけではありません。アルバイトを続けていたが、ホールリーダーなどではない、サークルには入っているが部長でも何でもない平の部員、などのエピソードでも全く問題ないのです。

それから、エピソードに関連する能力が元々高く、そこまで苦労していない、という就活生もいます。「苦労した話じゃないとダメ、とキャリアセンター職員に言われました」と悩む方もいましたが、そんな馬鹿な話、ありません。

大半のガクチカは「苦労」とは指定していませんね。であれば、無理に苦労ネタを入れる必要はありません。もっと言えば、学生であれ、社会人であれ、人は何かの能力を持っています。その能力を生かして楽に進められることもあります。その能力は先天的なものかもしれませんし、高校以前はそうではなかったが学生時代に苦労したことで獲得した、という能力もあるでしょう。

もし、ESの設問に「苦労したこと」と指定がなければ、先天的ないし高校以前に習得した能力の話を書いても特に問題はありません。

仮にですが、「苦労したこと」と指定があって、かつ、就活生本人が「そんなに苦労していないけど」と思うのであれば、こだわったことを書いてみてはどうでしょうか。

また、「学生時代は失敗ばかり。でも、内定学生のガクチカを読むと『失敗↓改善↓成功』という構成になっている。どう書けばいいのか？」という質問も受けたことがあります。

確かに、就活マニュアル本などでは「失敗からどう改善したか書いて成功した、とまとめるとよい」などと書かれています。私も添削する際、そうした構成でまとめることがあります。

ただし、これはあくまでも構成方法の一つであって、絶対的なものではありません。成功することもあれば失敗することもあります。まだ未成熟な部分のある学生ですから、どちらかと言えば、失敗の方が多いはず。もし、ガクチカに使うエピソードが成功ではなく失敗に終わっていても大丈夫です。その失敗談をガクチカに使っても、「成功談ではないからダメ」ではありません。

【冒頭でネタを言い切る】

輸入食品を扱う食品店には、コーヒーサービスというものがあります。お店に来てくださるお客さんがコーヒーを飲みながら買い物を楽しめるように用意してあるものです。コーヒーサービスをしているといろいろなお客さんに出会います。理不尽に怒る人もいれば、ただただ話をしたくていらっしゃる人もいます。コーヒーサービスをしながら、お客さんの質問に答えたり、好みのコーヒーを提供したりと同時進行でしなくてはならないことがたくさんあります。私はこの食品店でのアルバイトを3年続けました。（232字）

輸入食品を扱う食品店でコーヒーサービスと言ったら、カルディコーヒーファームくらい。添削時に聞いたら案の定、カルディでした。だったら、最初からカルディと書きましょう。

アルバイト先の固有名詞は次で改めてご説明します。この文例のまずい点は、カルディという固有名詞を出していないことではありません。

冒頭から終盤までコーヒーサービスの説明をしており、最後になって、ようやく、この店でのアルバイトと勤続年数を出しています。

この文例だと、メインは就活生本人ではなく、食品店とそのコーヒーサービス、となってしまいます。

ガクチカは、そのほとんどが設問の指示は一つしかありません。であれば、冒頭は、「輸入食品店でのアルバイトです」などと言い切るくらいで十分です。

【「具体的」を具体的に考える】

1　普通のアルバイト
2　飲食のアルバイト
3　スターバックスコーヒーのアルバイト
4　スターバックスコーヒー熊本××店

就活が進むと、具体的なようで、抽象的な就活生が異様に増殖します。

抽象的な就活生の最たる特徴は、アルバイトでもサークルでも「普通です」と話してしまう点にあります。

以前、熊本で話したことのある就活生がその一人でした。アルバイトを聞くと、「普通」との答え。この時点で、聞いている側はイラッとしていますが、そんなことでめげる私ではありません。

石渡「アルバイト？　何のアルバイト？」

就活生「飲食のアルバイトです」

石渡「飲食か。これもいろいろあるよね？　飲食って何のアルバイト？」
就活生「……、スターバックスです」
石渡「なるほど、どこの店？」
ここまで聞いて、ようやく4の「スターバックスコーヒー熊本××店」という固有名詞が出てきました。かかった時間は5分少々。これが面接であれば、採用担当者がイライラしているところです。それでも「スターバックスコーヒー熊本××店」という固有名詞が出てきたので、これで具体的になり、就活生は内定を得ることができました。めでたし、めでたし。

……では、ありません。

固有の店舗名が出れば、具体的と言えば具体的です。熊本在住の方であれば、「熊本××店」がどこにあるのか、想像できます。ところが、熊本の地理に明るくない方であれば（そういう方が圧倒的だと思いますが）、「熊本××店」がどこにあってどんな店か、想像できません。「ああ、スターバックスなんだ」という程度です。

そこで就活生にあれこれヒアリングしたうえでまとめたガクチカの書き出しがこちら。

【改善例】　スターバックスコーヒーでのアルバイトです。3年間、続けました。私が働いた店は熊本市内

で唯一のドライブスルー対応をする店でした。そのため、いつも忙しく働いていたのです。(83字)

ここでは、「熊本××店」という固有名詞を出していません。代わりに「熊本市内で唯一のドライブスルー対応」という情報を出しています。そのうえで、「そのため、いつも忙しく」という情景についても入れました。

店舗名がなくても、どんな店で働いていたのか、情報を出したことで、どう変わったでしょうか。熊本の地理事情がわからなくても、この就活生がどのように働いていたか、イメージしやすくなっています。

「スターバックスコーヒー熊本××店」を「熊本市内で唯一のドライブスルー対応をする店、いつも忙しく」に変える作業、これを「就活翻訳」と言います。

就活翻訳の有無が勝負の分かれ道

私のこれまでの取材、添削経験から言いますと、就活に失敗する学生ほど、「普通」を使いたがります。「普通」でなければ「飲食」とか「体育会系」など抽象的なまとめを好みます。

「普通のアルバイトです」

「飲食のアルバイトでした」

「体育会系の部活です」

就活生からすれば、自分が何のサークル・部活に所属していて、何のアルバイトをやっているか、把握しています。しかも、日本の学生は自己肯定感が高くありません。

そこでついつい、「普通です」を使いたがるのです。

ところが、「普通のアルバイトです」のESを読まされる採用担当者はどう思うでしょうか。

もちろん、超能力者であれば、「普通のアルバイトです」だけでどんな学生か、把握できるでしょう。ですが、そんな超能力のある採用担当者はまずいません。あくまでも、提出されたESから判断するしかないのです。

就活生の「普通」は、本当につまらない話かもしれません。あるいは、採用担当者にとって大きなポイントとなる話かもしれません。

そのどちらか、これは就活生の判断ではなく、採用担当者の判断になります。**そのためには、就活生が「普通」だと思っていたとしても、その「普通」はどのようなものか、就活生は、就活翻訳をして、採用担当者に伝える必要があります。**

これは、必要かどうか、というよりも、どんな学生かを伝える、義務と言ってもいいくらいです。

この義務を放棄して、「普通です」とＥＳに書き、あるいは、面接でも話してしまう。これでは就活がうまくいかないのも無理からぬところ。

では、どうすればいいか、その手法の一つが「就活翻訳」なのです。

「就活翻訳」は、相手（就活においては採用担当者）にわかりやすく伝える、そのために言葉を置き換える、という作業を意味します。スターバックスの事例だけだと、「有名なチェーン店だから使えるのですよね？」と勝手に落ち込む就活生もいますが、とんでもない。どんなアルバイト、どんなサークル・部活でも本人がわかりやすく伝えたい、と考えればいくらでも可能です。

【就活翻訳の例・その１（言葉を変える／消す）】

例１　柔道部の渉外担当副部長／ＯＢ会の担当で親善試合や練習試合の審判の依頼をよくしていた／社会人と話す機会が多く、今ではものおじしない

↓柔道部でのＯＢ会担当です。卒業生に親善試合や練習試合の審判を依頼するのが主な仕事でした。３年間、ずっと担当していたこともあり、社会人と話すことに慣れました。

例２　個人経営の中華料理店（四川料理）でのアルバイト／中国人留学生が多い／最初は日本語が通じず苦労した

↓個人経営の中華料理店でアルバイトをしていました。アルバイトは私以外は中国人留学生で中国語が飛び交う店です。

例を2つ挙げます。例1は柔道部の就活生です。「渉外担当」「副部長」がよくわからなかったのでヒアリングすると、OB会の担当とのこと。そこで「就活翻訳」をかけて「OB会担当」としました。役職が消え、「渉外」が「OB会担当」に変わることで、伝わりやすくなりました。

例2の就活生は、最初、「四川料理」と入れていました。四川料理だろうと、広東でも浙江でもどこでも気にする企業はほぼありません。そこで、改善例では削除しました。

このように「就活翻訳」によって、言葉を置き換える、あるいは補う、あるいは削除することで、伝える内容を明確にすることができます。

同じことは数字にも言えます。

「数字を出せば具体的」のウソ

ESの対策本やネットには、よく「わかりやすくするために数字を出そう」と書かれています。内定学生のESにもよく数字が出ているせいか、就活生はESでやたらと数字を使いたがります。

【就職翻訳の例・その２（数字を出す／出さない）】

例１　２００人いる陸上部に所属。約２００チームが参加する大会で優勝することを目標に取り組みました。

例２　陸上部に所属。大会で優勝することを目標に取り組みました。

例３　大学２年生のとき、成績は学内ＧＰＡ４・５に伸ばすことができ、その結果、「石渡プラスアルファ教育振興会記念顕彰」で優秀者となり、学内奨学金の対象者となりました。

例１、例２は陸上部ネタです。例１は数字あり、例２は数字なし、で内容は同じです。例１は一見すると数字が出てわかりやすくなっています。しかし、「２００人いる陸上部」「約２００チームが参加する大会」この数字を理解できない部外者が読み取れるでしょうか。部員２００人なら、大きな部なのだろう、というくらい。「数字を出せば具体的」のはずですが、例１、例２はそんなに差はありません。

例３は大学の勉強ネタ。「ＧＰＡ４・５」がまず、よくわからない数字です。しかも「石渡プラスアルファ教育振興会記念顕彰」（あ、もちろん、架空のもので現実には存在しませんが）が、すごい話かどうかも、わかりにくいところ。

【改善例】
部員数200人→大学の専用グラウンドを毎日使うほど規模が大きい
200チームが参加する大会→全国の大学陸上部がほとんど参加する大きな大会
GPA4・5〜学内奨学金の対象者→学年で成績上位1％以内に入り、表彰のうえで学費相当額が給付される奨学金を受給

数字もそのまま出すのではなく、「就活翻訳」をかけると伝わる情報が大きく増えます。

例1、例2で出した陸上部ネタについて、「部員数200人」だと何となくしか想像できなくても「大学の専用グラウンドを毎日使うほど規模が大きい」とまで書いてあれば、その規模の大きさが理解できます。大会も同じで「200チームが参加する大会」より「全国の大学陸上部がほとんど参加する大きな大会」の方がどんな大会か理解できます。

例3の成績・奨学金ネタは、「GPA4・5」はヒアリングしたところ「学年上位1％」だったので「学年で成績上位1％以内」と変更。長ったらしい表彰の正式名称は「表彰」ですませ、奨学金は「学費相当額が給付」とのことだったので、これを補いました。これによって、例3に比べ、就活生がどれだけ優秀か、より明らかになります。

このように、言葉だけでなく数字も併せて「就活翻訳」をしていくと、伝わるESになっ

ていきます。単純に「数字を出せばわかりやすくなる」というものではありません。

自己PR的まとめは切るか短文で

（ガクチカをあれこれ書いた後）この経験から、コミュニケーション力や目標を立てて実行していくことの大切さを学びました。貴社でもコミュニケーション能力を生かした仕事をしてみたいと考えています。（79字）

このガクチカでほぼ全員の就活生が、最後に自己PR的なまとめを入れたがります。これは、あるから落ちる、というわけでもありませんし、なくても問題ありません。

就活生は、この自己PR的なまとめを入れる、というノウハウで進めている方が圧倒的に多いようです。

文章の構成を考えれば、こうしたまとめがあった方がより良いことは事実です。ただし、この自己PR的なまとめ、書こうと思えば誰でも書けてしまいます。

接客のアルバイトなら「この経験から、私は笑顔の大切さを知りました」とか、「この仕事を通して、私はお客様をもてなす気持ちを常に持つようになりました」などと書くに決まっています。まさか、「この経験から、私は客が嫌な存在であり、いかに騙すべきか、常に考えるようになりました」などと書く学生はいないでしょう。

ということは、この自己PR的なまとめは文字数をムダに消費して、就活生が本来伝えなければならない情報を薄めているだけなのです。

ESの指定文字数が多い、ということであれば、この自己PR的なまとめも必要かもしれません。しかし、ESは一項目につき400～500字が一般的です。そこに文例の79字とか、多いと200字近く書いた就活生もいました。文字数制限が400字だと、79字なら約2割、200字なら5割も占めています。誰でも書けてしまう内容で、です。

全く意味があるとは思えず、私がESを添削するときは、こうした自己PR的なまとめをばっさり削除するようにしています。

すると、添削を受けた就活生はほぼ全員が「文章の構成が崩れてしまいますが大丈夫ですか?」と聞いてきます。長文に「でした」「ました」の繰り返しで、小学生以下の文章を書いている分際で構成だけはこだわるとは、どういう神経なんだと、思わないでもありません。

私はガクチカという項目においては文の構成を多少無視して経過だけを書くのでも十分、と考えています。実際、私が添削したESで通過した、という報告も就活生から受けています。

ただ、どうしても自己PR的なまとめを入れたい、という就活生が多いのも事実。そこで妥協策として用意しているのが、「この経験を社会に出てからも活かしたいです。」（21字）。この一文で、構成は崩れませんし、文字数も21字とそれほど多くはありません。この一文でなくても、自己PR的なまとめは入れるとしたら30字以内がいいところではないでしょうか。

本当は、こんなくだらない文章を入れる余裕があるなら、その分だけ経過を書いた方がいいと、私は強く考える次第です。

自己PRとガクチカの違い

就活生のESを添削する際、自己PRとガクチカ、どう違うのかと迷う、という質問もよく受けます。

確かに、ガクチカに自己PR的なまとめを長々入れると自己PRとそう変わりません。それでいて、自己PRには具体材料としてガクチカを入れることがあります。

しかし、実はそれほど難しい話ではありません。

自己PRは、アピールしたい能力がメイン。そのうえで、補強する具体材料としてガクチカ（または高校以前の話）を出します。そのため、能力がどうこう、という部分はやや抽象的になりやすい特徴があります。

一方、ガクチカは学生時代のエピソードがメインです。自己PR的なまとめは不要、または一文で十分。それよりも、本人がどのように成長したか、など経過の丁寧な説明が求められます。

この違いを元に書いていくと、それほど悩まずにすみます。

ガクチカで落ちやすいネタ3選

ガクチカでは、就活生が考えている以上に平凡なエピソードでも問題ありません。「アルバイトもサークルも普通だし」と考えている就活生は、変に落ち込まず、その経過を丁寧に説明するようにしましょう。

ただし、落ちやすいネタは確かに存在します。具体的には、「大学受験」「就活」「風俗・ギャンブル」の3点です。

まず、1点目の「大学受験」。これは難関大生がネタに詰まったとき、出したがります。ですが、ガクチカで出すのはアウト。

難関大に合格したことは、高校卒業時点での基礎学力の高さを示しています。そのため、中堅以下の就活生に比べて若干（あるいは大幅に）有利になることは否定できません。

では、大学受験ネタの何がまずいか、と言えば、書けてしまう就活生が多い点です。東大、一橋、早稲田、慶應義塾、上智……など、難関大の就活生は2万人を軽く超えます。当然ながら、難関大生が志望する大企業では、同じ大学、または他の難関大（あるいは地方国公立・中堅私大）と競合します。そこに大学受験ネタを持ってきたら、採用担当者はどう思うでしょうか。「頑張って当たり前の大学受験をESに書くとはあまりにも無策すぎる」などと考えて、落とす確率が高くなります。私としては、大学の難易度がどうあれ、全くお勧めできません。

2点目の「就活」。これは就活そのものを頑張った、という内容。これは、大学受験と同じく頑張って当たり前。出されれば「ああ、そうなんだ」くらいの判断しかできません。

長期インターンシップは、大学が単位認定するタイプで、かなり本格的にやったものなら、まだアピールのしようがあるでしょう。それで、内定に至った、という話も聞いています。ただ、1日インターンシップですとか、1週間程度のものなら、それほど響きません。

3点目の「風俗・ギャンブル」は、1・2点目よりはやや複雑です。確実にアウトとなるのは、いわゆる性風俗、それから、違法賭博の従業員です。企業イメージや、入社後に起こり得るトラブルなどを想定すると、落とす企業の方が圧倒的に多いでしょう。

グレーゾーンが、キャバクラやクラブなどです。営業力が相当問われる職業であり、それをアルバイトで続けたのであればいいではないか、と好意的に見る企業もあります。具体的には、IT、流通、小売などはそれほど気にしない企業が多いようです。

一方、企業イメージを気にして、落とす企業があるのも事実です。2014年には日本テレビ放送網から内定を受けていた女子学生がクラブでのアルバイトを報告したところ、「アナウンサーに求められる清廉性にふさわしくない」として内定取り消しとなる事件がありました（その後、学生側が提訴。15年1月に和解し、同年4月に入社）。

パチンコ店は重労働、かつ、接客も大変な点からグレー度がさらに薄まりますが、保守的な企業の一部はそれでも、「上を説得できない」としてネガティブな評価をします。なお、公営競技の警備員や場内飲食店などは、問題になった、という事例はほぼ聞きません。

ガクチカで微妙なネタ3選

前項目は「落ちやすい」でしたが、ここでは「微妙」なネタ（恋愛、オタク趣味、家族問題・介護）をご紹介します。

1点目は恋愛ネタについて。企業側が学生の恋愛などを問うのは、人権侵害に当たる、ということで各地方の労働局は「不適切な質問」の一つに挙げています。

企業からすれば聞けない質問である一方、「恋愛＝コミュニケーション」として聞きたがる採用担当者は一定数います。就活生側からアピールする分には問題ないので、歓迎する企業もあるでしょう。ただし、「いくら就活生側がＥＳに書いているとはいえ、面接で質問するのは、コンプライアンスに抵触するのではないか」として、書類選考でも評価を下げる、面接選考まで通しても面接では、恋愛ネタはスルーという企業もあるでしょう。

それから、企業・採用担当者によっては、「仕事の能力をアピールするべきＥＳにプライベートな恋愛ネタを書くのは不謹慎」と見る方もいます。

どちらに転ぶか、判断が付きにくい、選考に通りやすい、とも、落ちやすいとも断定できない、恋愛ネタは、まさに微妙なネタなのです。

２点目のオタク趣味ネタ、これは１５３ページで解説した「好きなことは頑張る」に似ています。オタク趣味の話をガクチカで出すと、「嫌いなことは仕事にしないのではないか」とネガティブな再現性が見えてしまいます。それから、同人誌刊行、漫画、コスプレイヤー、学生ユーチューバー、学生バンド・歌手、自主映画製作などで、ある程度、成功していると、別のリスクも見えてきます。「入社してもすぐ辞めるのではないか」というものです。

芥川賞作家・羽田《はだ》圭介さんが書いた就活小説『「ワタクシハ」』（講談社、２０１１年）の主人公が、まさにこのパターン（過去の栄光、という設定でやや違いはあります）。小説内でも就活で相当、苦戦しています。

漫画家でも、しりあがり寿氏（キリンビール）、よしたに氏（IT企業）、田中圭一氏（タカラ／現・タカラトミー）など、サラリーマンと漫画家を兼業していた方もいました。しかし、しりあがり・よしたに両氏は退職し、漫画家専業に。田中氏はタカラを退職後、他社に何度か転職しますが、これは数少ない例外です。

こうした事例を知らない採用担当者でも、「無理に就職するより、プロになった方が本人のためではないか」として、書類選考段階で落とすことがよくあります。

ただ、オタク趣味ネタが全く無効か、と言えばそうとも言い切れません。企業によっては、オタクの社員が在籍しており、高いパフォーマンスを発揮していることがあるからです。

例えば、同人誌制作でコミックマーケットにブースを出す人だと、年2回、休む時期が決まっています。逆にそれ以外の時期はどんな繁忙期でも嫌がらないため、その企業（流通系）は「あの人はコミケの人だから」と許容。上司や同僚も、理解を示しているそうです。これは、アイドルやフィギュアスケートの追っかけなども同様の事例を聞いています。

それから、副業容認など働き方そのものがアフターコロナで大きく変わろうとしている中、これまでオタク趣味を敬遠していた企業も「副業で稼げる手段があるなら、むしろいいではないか」と容認に変わる可能性もあります。

同人制作・漫画、ユーチューバー、ｅスポーツ（ゲーム）などであれば、スポーツ選手の社会人選手採用のような形もあり得ます。それぞれの技術を生かした仕事を社でやってもらい、週の半分は社員側の自由にする、というように。

このように、オタク趣味もまた、落ちるとも落ちないともはっきりと言いがたい、微妙なところなのです。

３点目の家族問題・介護について。家族問題は、いわゆる毒親に振り回された、という話です。その苦労が相当なものであることは想像するに余りあります。ただ、企業側が面接で親・出生地を聞くのは人権侵害に当たる、としてアウトとなっています。恋愛ネタと同じでいくらＥＳに書いてあっても、聞くのをためらう企業の方が多いでしょう。

それから、いくら毒親であれ、「親を悪く書くのはよくない」と敬遠する社会人が多いことも事実です。ガクチカには毒親の話は出さない方が無難です。

一方、中高生や大学生が親や祖父母などの介護を負担する、ヤングケアラーが注目されつつあります。毎日新聞はこの問題を長く追い続けていますし、国も全国調査に乗り出すなど動きつつあります。この介護をガクチカに使う事例は企業側・学生側とも、私はまだ確認していません。ただ、今後、これをガクチカにするかどうかで悩む就活生は一定数出てくることが予想されます。どうまとめていくか、難しいところですが、私は介護についてはガクチカに書くのは悪くない、と見ています。ボランティアなどと同じ扱いで落ち着くのではないでしょうか。

ここまで、恋愛、オタク趣味、家族問題・介護と、ガクチカに出すのに微妙なネタをご紹介しました。

私は恋愛、オタク趣味は、ガクチカに使わず、個人面接で話すことを勧めています。企業・採用担当者によっては、そこから話が広がることもあるでしょうし、広がらないなら、別の話題に移すこともできます。これは、家族問題・介護も同様です。

(4) 志望動機

大企業中心に軽視へ

志望動機は、ＥＳ対策本によっては、いまだに最重要項目として扱っています。大学キャリアセンターの指導も、多くの大学がこの志望動機を重視しています。

しかし、私が取材していますと、大企業を中心に志望動機を軽視する傾向が強まっています。本項ではその傾向の変化と合わせて解説していきます。

志望動機をどうまとめるか、毎年のように就活生は悩みます。さらに、大学（またはＥＳ対策本）によっては「就活生ならではの話を書こう」と指導しています。これで就活生は余計に混乱する、というのもよくある話です。

しかも、ノウハウが蓄積されていくと、志望動機で書く内容は就活生がいくら苦労して書いても、結果としてはそう大きな差はありません。

就活生が苦労する志望動機は企業側も苦労します。何しろ、就活生の書く内容に大きな差がないからです。

2012年1月25日付けの日本経済新聞電子版・就活探偵団「志望理由に悩んだときどうする？」では、ワコール、トリンプ・インターナショナル・ジャパン、グンゼの下着メーカー3社のコメントが出ています。

ワコールでは、「男性目線で女性用の下着を作りたい」。どういう下着か、ES添削の際に女子学生が同席しているとセクハラすれすれになりそうです。

トリンプ・インターナショナル・ジャパンでは、「紳士向けブランド『HOM《オム》』の営業をやりたいという男子学生が多いです」。一見するともっともらしい、それでいて「下着が好き」「男性目線の〜」よりは、まともそうです。ところが、記事にはこうあります。

「しかし、同社の主力事業はあくまで婦人下着。『かわいそうな気はします』と伊崎さん（筆者注：採用担当者）は同情するが、特に強い印象を与えられるわけでもないようだ」

記事には、志望動機に差がない、と企業側も認めるコメントが掲載されています。

「グンゼの人財開発室の姫田拓也さんは、そもそも学生が面接官に強い印象を与える志望理由を言うのは難しいと見る。『(社会経験のない学生が)もともと当社を深く知っているとも思えない。どの学生も似たような志望理由を言うのは、ある程度仕方がない』という。これは各社共通のようだ」

この記事が掲載されてから10年経過し、その間に、大企業を中心に志望動機は軽量化が進んでいきました。

具体的には、「志望動機をESの設問から外す」「項目として残すが、自己PRやガクチカに比べて文字数を少なくする」などです。選考序盤でES・履歴書提出を求めない企業もあります。詳細は195ページで改めて解説しますが、その理由の一つが志望動機で「書く内容はみんな同じ。だったら、自己PRなどを面接で聞いた方が話は早い」という理由によります。

それから、就活生には判断不能ですが、こんなパターンもあります。ESの設問として残すのですが、実はろくに読んでいない、というものです。こうした企業に話を聞くと書類選考では、他の自己PRやガクチカは読み、そちらで判断するとのこと。

「だって、どうせみんな同じ話しか書かないでしょ」と言って、志望動機の項目を外すと、それはそれで調整が面倒なので残しているそうです。

中小企業ではまだ重視も

このように、大企業を中心に志望動機は軽量化が進んでいます。そこで、「志望動機は軽量化が進みました。適当に書きましょう」で、終わらせたいところですが、そうもいきません。なぜなら２０２１年現在、志望動機を軽視する企業と重視する企業が入り混じっている状態だからです。

志望動機を重視する企業は大企業の一部、それから、中小企業の多数です。

私の取材感覚から申し上げると、従業員数３００人が一つの目安。これより、規模が小さい企業だと、重視派が増えます。逆に３００人より規模が大きくなると軽視派が増えていきます。従業員数３００人未満でも、ビジネスが急拡大し、新卒採用者数を増やす企業は、軽視派が多くなります。これは、採用者数を増やしているので、志望動機だ何だ、とこだわっている余裕がない事情もあるでしょう。

では、中小企業は、なぜ志望動機を重視するのでしょうか。

取材すると、「企業の理念に共感した人材が欲しい」との回答がよく出てきます。これは意訳すると、「社長・創業者と気が合うかどうか」。

そう言われても、就活生は困ります。何しろ、中小企業中心のサイトや合同説明会で、いいな、と思う企業に応募しようとしたら、志望動機の壁が出てくるからです。

こう言っては何ですが、志望動機ごときにこだわっているから、中小企業はいつまで経っても、採用に悩むことになります。採用難だの、学生の大企業志向はけしからんだの、余計なことを言うくらいなら志望動機を廃止した方が話は早いはず。という話を経済団体の講演などでしていますが、まあ、実に受けが悪く、現在に至っています。

それから、就活生から人気の企業が志望動機の設問を複数設ける、という事例もありました。これはあえて複数出すことで志望度が高いかどうかを見ています。ただし、大企業でもこうした企業は少数派になりつつあります。

ベタな書き方でも十分

話を就活生の志望動機のまとめ方に戻します。私は志望動機については、他で言われているまとめ方で十分、と見ています。それも、就活生個人の独自性にこだわらず、企業理念に共感した、程度の話で十分です。

前記のように、軽視する企業が増えています。重視する企業でも、どのみち、内容は他の学生と大差ありません。それなら、志望動機で独自性を出そうと時間をかけるだけ、ムダです。それよりは、自己ＰＲやガクチカなど、他の項目に時間をかける方がまだ意味はあります。

ただし、ベタな書き方、と言っても、やめた方がいいのは「商品・製品（サービス）が好きだから」。消費財（消費者が対象）なら「だったら、ずっとお客さんのままでいてください」で終わりです。まして、消費者が対象でない生産財、中間財のメーカー、商社だと、「製品が好き」はウソ、と企業側もよくわかっています。どのみち、就活生にとって得するところはないまとめ方です。

「採用担当者の人柄にひかれた」も微妙なところ。人事以外の部署とカラーが異なることは中小企業ではよくある話です。付言すると、外部の採用コンサルタントが面接や会社説明会を担当する、というのもよくあります。

そうなると、企業理念に共感した、という程度しか残りません。いかにもウソくさいのですが、企業がそういうものを求める以上、致し方ないでしょう。

あえて変えるのなら自己ＰＲ混合型

志望動機に就活生のカラーを出していくのであれば、自己ＰＲ中心型と自己ＰＲ混合型、という手があります。パターンとしては、こちら。

【パターン1　中心型】
書き出し　私の強みは××です。
具体例説明　自己PRについて具体例をもって説明
志望動機　私の××という強みは貴社に貢献できると考えて志望しました。
【パターン2　混合型】
書き出し　私の強みは××です。
具体例説明　自己PRについて具体例をもって説明
企業理念など　貴社の企業理念には〜という部分があります。
企業理念と自己PRのリンク　私の××は貴社の〜と同じです。この点で私は貴社に貢献できる、と考えて志望しました。

どちらも、書き出しは、志望理由ではなく、自己PRになるのが従来の志望動機と大きく異なる点です。

中心型は、この自己PRで完結します。一方、混合型は企業理念、社是など、その企業の内容を一部出して、「〜に共感した」「〜と同じ思いで、私も貴社に貢献できると考えた」など、自己PRとリンクさせるのです。

志望動機重視の企業だと、自己PR中心型は「こんなの志望動機ではない」として、評価を下げます。あるいは、就活生にこの部分だけ書き直しを求める、というケースもありました。

混合型だと、重視派の企業でも受け入れられます。なお、中心型・混合型、ともに自己ＰＲを使うのであれば、自己ＰＲ欄とは別の内容にした方がいいでしょう。

もう一点、志望動機を面接、それも最終面接で話すときは、「企業理念に共感した〜」など、ベタな内容に変える方が無難です。

（５）趣味・特技・資格

これらの項目は、企業側にとっては、そこまで大きな扱いではありません。「プラス評価できるものがあれば見る」という程度。

そのため、どうまとめるか、記載のないＥＳ対策本も多数あります。ところが、就活生からすれば、どうまとめるか、悩んでしまう項目でもあります。本項ではそれぞれ解説していきます。

ほとんど読まれない趣味・特技欄

採用担当者に取材すると、そこまで見ない、とほぼ全員が話します。見るとしても、どのようにストレス管理をしているか知りたい、とのこと。それが、どのような趣味であれ、差はありません。

就活生も、序盤だと皆、どうまとめるか、悩みます。ところが、就活を終えると、「あ、そう言えば悩んでいたっけ」という程度。

「趣味はスポーツ観戦。好きなチーム名を出したこともあります。特技は『国旗を書くこと』。いや、何を書けばいいかわからなくって。面接で『その特技やってみてよ』と言われたら、盛るのもどうか、と思い、唯一できるのが『国旗』でした」（旅行会社内定者）

そして、その趣味・特技は面接で質問されたか、と聞くと、雑談レベルでちょっとあった程度とのこと。

企業からすれば、聞きたい内容の中心は自己PR、ガクチカです。趣味・特技は補足として聞く程度。それも、学生のネガティブな点を探す、というよりも、ポジティブな点を探すため、と見るべきでしょう。

そのため、趣味・特技欄には正直さとわかりやすさをお勧めします。正直さとは、ウソではなく本当の話を書く、という意味です。わかりやすさとは、採用担当者の年代でもわかるように書く、という意味です。

例えば、趣味が「旅行」「読書」などありがちな内容だったとしましょう。ちなみに「旅行」「読書」で落ちる、ことはまずないのでご安心ください。

とは言え、同じ「旅行」「読書」でも、付記として「大学周辺をよく探索」「海外旅行を年2回」「自転車旅行が好き」など一言、加えてみてはどうでしょうか。それだけで印象が大きく変わるはずです。

受験できなかった資格はどうする？

資格欄・賞罰欄は、あれば書く、なければ書かない、これが大原則です。特に履歴書の賞罰欄は、なければ「なし」と書くのが定型です。無理に加筆しても、「定型を無視するのか」とマイナス評価を受けかねません。

なお、コロナショックの影響でＴＯＥＩＣを中心に試験が中止となる、あるいは、志望者が多数となり抽選落ちで受験できない学生が激増しました。

受験できなかった場合は、資格欄には「なし」と書くか、「××・受験予定」と書くか、どちらかです。ここでウソを書くと、書類選考は通過しても、面接等で大きな減点となります。

なお、英語資格については、自宅でも受験できるTOEFL iBTテスト、CASECなど代替手段を探して受験。そのスコアとTOEIC換算スコアを資格欄に書く、という手もあります。

ガクチカ写真はストーリーが読み取れるものを

ESや履歴書における写真といえば、以前は証明写真が中心でしたが、2010年代に入ってから、学生時代を示す写真（ガクチカ写真）の添付を求める企業が増えています。特にリクナビのOpenESでは、このガクチカ写真が必須です。

写真の添付と同時に、「なぜその写真を選んだのか、その理由を記してください」など、説明を求めるESもあります。

言うなれば、ESの定番設問である「ガクチカ」の変化球バージョンがガクチカ写真です。

このガクチカ写真の選択、就活生は結構、間違えてしまうことがあります。ガクチカ写真で圧倒的に多いのは、集合写真です。サークルやゼミの集合写真や打ち上げ写真など。

この写真の何がまずいか。それは本人が特定しづらい写真が多いことです。特に多人数サークルやゼミの集合写真だと、極端な話、本人が写っていなくても写っている、と言い張れるほど、小さくしか写っていません。「多人数なんだね」以上の感想を採用担当者は持てないわけで、これも困るパターンです。

企業からすれば、学生のことをより知りたいのでガクチカ写真を要求しているのです。ところが、大半の就活生は、サークルやゼミの紹介をしているだけにすぎません。

もっと論外・低評価となるのは、貼り付けない（指示無視で低評価）、子ども時代の写真（本人かどうか判別不明）、変顔アプリ（全然笑えない）、本人不在の関連写真（本人紹介でなくエピソード紹介）など。

では、どのような写真がいいでしょうか。それは、本人がはっきり写っている、そのうえでストーリーが読み取れる写真です。

例えば、成人式や入学式など親と一緒の写真だとどうでしょうか。親の話は採用担当者からは聞きづらいテーマですが、写真があれば聞きやすくなります。親と一緒であれば3人以上だったとしても、本人が特定しやすい、という事情もあります。

それから、親との写真を貼り付ける学生は親とのコミュニケーションをちゃんと取っていることが写真からも読み取れます。

アルバイトやサークル、ゼミであれば、アルバイト先の店長、ゼミ教員などと一緒の写真。こちらもそれだけコミュニケーションが取れていることを示すからです。特にアルバイト先の写真だと、「どのように働いているか、想像しやすい。ガクチカ写真を指定した甲斐があった」とする採用担当者が多数います。

旅行などでの記念写真も企業からは意外と高評価です。採用担当者からすれば、自然に写っているかは問題ではなく、わざとらしい記念写真でも、本人かどうか、ちゃんと判別できるものがいい、という意見が多数。「記念写真で十分です。旅行先で、観光地のお約束、顔出しの撮影板利用とか」という意見も。

学生からすれば自分の写真は気恥ずかしいかもしれません。自然な笑顔、と言われても困る、という方もいるでしょう。自然な笑顔が写真にあらわれるには、たくさん枚数を撮るしかありません。

面倒でも、普段のアルバイトなり、サークルなり、旅行なりでちゃんと撮影する、あるいは自分の写真を撮影してもらうと、段々良くなっていくはずです。

と言っても、もうすでにES提出の締め切りが過ぎた、あるいは、締め切り間近で写真がない、という就活生も多いはず。

そもそも、集合写真や打ち上げ写真しかない、という就活生も多いでしょう。その場合、対策はそう難しいものではありません。

集合写真や打ち上げ写真で本人を中心にトリミングをすればいいのです。繰り返しますが、ガクチカ写真はストーリーが読めるかどうか。就活生はそうした写真を選択するようにしてみてください。

フリー方式

エンターテインメント・音楽系、スポーツ系などを中心に、Ａ４の紙１枚程度の白紙に「あなたを自由に表現してください」など、フリー方式を用いる企業がたまにあります。

写真、イラスト、図表、文章など、どう使うかは就活生次第。

かなり難易度の高いＥＳとなります。企業側からすれば、ＥＳ作成の負荷をかけることによって、志望度の低い就活生はそもそも応募しないように仕向ける狙いがあります。志望者数は減りますが、その分、志望度の高い就活生だけが応募してくるメリットがあります。

このフリー方式、本当にフリーなので、就活生によって、大きく変わります。

アドバイスとしては、「内定学生パクリはＮＧ」「文章は箇条書き、見出し入れなど変える」「デザイン構成を考える」の３点。

まず、１点目。特に体育会系学生を中心として、前年度に内定を取った先輩学生の構成から内容まで全部（または相当部分）をマネする、という事例をよく見聞きします。あまりにも同じだと、企業側もドン引きです。

2点目ですが、文章は、フリー方式である以上、長く書くこともできます。そのため、箇条書きや見出しを使うなどして変えていくといいでしょう。

3点目の「デザイン構成」は、美術系の学生以外では難しいところ。就活生どころか、社会人だって結構悩みます。そんな就活生にお勧めしたいのが、『デザイナーじゃないのに!』（平本久美子・よしだゆうこ、ソシム、2020年）です。

いわゆるエッセイ漫画なのですが、デザイナー監修のもと、デザイン専門外の社会人がチラシ・広告などをどうデザインするか、解説しています。かなり、わかりやすく、デザインについても勉強になります。フリー方式のESを作成する際に強い味方となるでしょう。

増える自己PR動画

2010年代後半から増えているのが、自己PR動画です。書類選考時に併せて提出を求める企業が増えつつあります。まだ、メジャーな存在ではありませんが、情報量の多さから、今後も、増加していくことが予想されます。

時間は30秒、60秒、2〜3分などが主なところ。服装は自由とするところが多く、スーツ指定の企業もあります。

撮影機材を指定する企業はありません。カメラを買ってもいいですが、スマートフォン撮影で十分でしょう。

対策としては、「変顔アプリなど笑いを取らない」「原則一人」「写真・背景を工夫」「時間配分」の4点です。

1点目の「変顔アプリ」、これはガクチカ写真と同じです。宴会芸を企業が要求しているわけではありません。

動画編集ソフトの利用は微妙なところで、テロップ入れならまだしも、過剰な演出効果は、あまり意味がありません。コストパフォーマンスを考えれば、無理に動画編集ソフトを使わなくていいでしょう。

2点目の「原則一人」、特に指定を設けない企業だと、友人などが一緒に出る動画を制作する就活生がいます。これだと、就活生本人の動画ではなく、友人紹介となりかねません。写真や挿入動画で出すのならまだしも、それ以外は一人で完結させてください。

3点目の「写真・背景を工夫」、これは次の章で解説するオンライン面接と同じで「就活生が自ら、場所を設定する」、これが原則となります。

「自ら設定」とは、部屋の明るさ、背景なども自由に設定することになります。オンライン面接で背景は白、となぜかマニュアル化しています（これは詳しくは223ページで）。自己P

R動画でも同じことを考える就活生が多いでしょう。

私はオンライン面接はもちろん、自己PR動画であれば、なおさら、背景の工夫をお勧めします。野球、サッカーのファンならグッズを後ろに並べるとか、体育会系部活ならユニフォームを後ろに飾る、という手もあります。写真については、188ページを参照してください。

4点目の「時間配分」、これは指定時間に応じて内容を変える必要があります。

30秒パターンだと、始まり・終わりに挨拶を入れると、せいぜい20秒。これだと、自己PRを1ネタ話して終わりになります。文字数だと、100字くらいがいいところです。

60秒パターンだと、自己PRを1ネタ（250〜300字）か、自己PRにガクチカ2ネタ（100〜150字×2）、話す余裕が出てきます。

2〜3分パターンだと、さらにいろいろと話せます。どんな写真・動画を出すのか、背景はどうするか、なども併せて、いろいろと工夫できるのが自己PR動画の面白いところ。

なお、慣れないうちは、どうしても時間オーバーなどしてしまいます。何度か、撮影して、ブラッシュアップしていくことをお勧めします。

(6) エントリーシートの素朴な疑問に答える

「どうせ同じことを書くのだから、ESは選考で使わない」とする企業もあります。「こうした企業の選考が中心なので、ESの対策はしなくてもいいですか？」と質問を受けることがあります。

確かに、書類選考がなければ、不要に感じるかもしれません。しかしその場合、面接で自己PRやガクチカなどを話すことになります。要点をまとめる力が問われますので、そのためにも、ES対策はどの企業でも有効、と考えます。

早く出せば有利？

ESは早く出した方がいい、という就活伝説があります。早めに提出した方がいい、と指導する大学キャリアセンターもあります。

私が取材したところ、企業により、かなり変わります。中小企業や大企業でもそこまで志望者が多くないメーカーや専門商社だと、採用担当者は1人か2人。ハイシーズンとなると、ESを相当枚数、読むことになります。この場合、確かに早く送る方が読む時間に余裕があります。

一方、大企業だと採用担当者の数ももう少し多くなるので、遅くてもまだ余裕があります。それと人気企業だと「早く出せば有利」を信じて、応募期間初日に殺到します。そのため、早く出したから有利、と言うほどではありません。

有利不利には関係なく、余裕をもって、提出するのが一番です。

なお、期限がギリギリになる場合、大きな郵便局の夜間窓口を探して、当日消印を押してもらう、という手があります。ただし、コロナの影響で、24時間あいていた窓口も20〜22時ごろまでに閉めるところが相当増えました。

それから、締め切りに遅れた場合、採用担当部署に事情を話すと特例扱いで受け取ってもらえることもあります。ただし、全企業というわけではありません。それに、この遅れても受け取る企業に話を聞くと、「もちろん、ちゃんと見るが、期限に遅れる就活生は、どこかに問題がある。結局、選考のどこかのタイミングで落ちていく」とのことでした。

内定学生のエントリーシートは正しい？

就活生からすれば、内定学生のＥＳは結果を出した人間のもの、ということで重視する方が多いようです。

しかし、この内定学生のES、参考になることもあれば、就活生の落とし穴になることもあります。

後者だと、「事例が古い」「実はES重視ではない」という2パターンがあります。

まず、事例についてですが、就活生からすれば内定学生の成果・実績ばかりに目が行きます。しかし、企業は経過を重視しています。それから、以前は成果・実績重視だった企業が経過重視に変える、ということもあります。こうした事例の古さは就活生を惑わせます。

さらに惑わせるのが「ES重視ではない」というパターン。企業は選考に際して必ずESを重視する、というわけではありません。ESの選考はほぼ全員が通過。そのうえで面接においてじっくり話を聞く、という企業もあります。あるいはESのうち、志望動機と自己PRはほぼどの学生も同じ内容なので読まない、という企業もあります。その点、ガクチカなら学生の素の姿が出やすいので、この項目だけ読む、という寸法。ESの内容は良くなかったとしても、面接など他の点で評価を受けて内定をもらう学生は結構います。

ところが、学生はまさかESの内容は今ひとつで、他で評価が高かったから内定を得た、とは夢にも思いません。しかも、大学によっては内定学生を就活生へのサポーター役・相談員役として起用します。そうした学生はESを「これで内定を取った」と公開。就活生もまさか、そのESのレベルが低いと考えるわけがありません。そこで内定学生のES事例をマネして、その結果、選考不通過が続く、という悲劇を生んでしまうこともあるのです。

内定学生のESは、ムダとまでは言いません。あくまでも、そういう事例があった、と冷静に見ることが必要です。

カラーペンは使う方が目立つ？

カラーペン、蛍光ペンなどはフリー方式でない限り、使用しないことをお勧めします。理由はモノクロコピー。企業側は学生のES・履歴書を保存するため、一度、コピーをします。フリー方式の企業だとカラーコピーをすることもありますが、だいたいはモノクロコピーです。

すると、カラーペンを使用しても意味がありません。蛍光ペンでのマークは消えてしまいますし、カラーペンも濃さによっては黒くつぶれて読めなくなります。手書きなら、黒のボールペンで書く方が無難です。

同じネタは使えるか？

就活本によっては「自己PR、ガクチカでは違うネタにした方がいい」と書いています。

確かに同じネタが続いていると、読み手は「あ、また同じネタだ」とうんざりしてしまいます。これで「同じネタは使えないのですね」と悩んでしまう就活生が出てきます。

学生A：野球部3年／アルバイト（飲食）3年／ゼミ活動2年
学生B：サッカー部3年／アルバイト（単発アルバイト）通算で1年（月2〜3回程度）

学生事例に出したA君だと、確かに自己PR、ガクチカでネタを使い分けることができます。もし、志望動機を自己PR混合型にする場合でも、可能でしょう。

ところが、B君はどうでしょうか。サッカー部の活動が中心で、アルバイトは単発のものを月2〜3回程度、これだとネタとしては薄そうです。と言って、「使い分け」の原則に従うと、サッカー部ネタはどこか一ヵ所のみ。残りは薄いネタ、となってしまいます。

このB君のケースだと、サッカー部ネタを自己PR、ガクチカ、志望動機でそれぞれ使うのが正解。

ただし、同じサッカー部でも、自己PRでは、チーム内での盛り上げ方、ガクチカでは新入生勧誘活動など、時期をずらしてみてください。そうすれば、違うネタ、として提示することが可能になります。

「御社」「貴社」の混同、誤字脱字は要チェック

内定学生のESでも多いのが、誤字脱字です。特にひどいのが、「御社」「貴社」「御行」「貴行」の混同です。ESどころか、対策本でも混同している本がありました。

エントリーシートなど文書：貴社（企業）／貴行（銀行）／貴庫（信用金庫）
面接などの会話：御社（企業）／御行（銀行）／御庫（信用金庫）

あわてて書いているせいか、誤字脱字も目立ちます。私が就活取材を始めた2003年ごろには「修正液を使ったら選考落ち」などのマニュアルがありました。今はそこまで厳しい企業は少なくなっています。そもそも、修正液云々より、PC入力の企業が多いです。それでも、あまりにも誤字脱字が多いと、マイナス評価となります。PC入力でWordを利用しているなら、「校閲タブ→エディター」で表記などをチェックできます。

書き終えたら一晩寝かせる

これは、ESに限らず、どのような文書・文章にも当てはまる小技です。すぐ読み返すの

は別にして（これはこれでやった方がいいです）、それですぐ提出、ではなく、別の作業をしてみてください。

別の作業とは、例えば、お風呂に入るとか、食事をする、コーヒーをいれる、近所のコンビニに行く、ユーチューブで面白動画を検索する、ひと眠りする……。要するに、ESを書き終えたら別のことをするだけです。理想は一晩、おくこと。

書き終えた直後に読み返しても、書いた勢いもあって、粗い部分が自分では意外と見つかりません。その点、一晩おくと、粗い部分が実によく見えてきます。

それでも、就活生によっては時間がない、もうすぐ締め切りだ、という方もいるでしょう。一晩寝かせるような余裕がないこともあります。その場合、1時間、いえせめて5分でいいので、時間を空けてみてください。一晩寝かせるよりも効果は低くなりますが、それでもすぐ提出するよりは粗い部分をチェックすることができます。前の項目で出た誤字脱字のチェックも精度を上げることができます。

第6章　オンライン化で変わった面接・グループディスカッション

コロナショックによる就活の変化でもっとも大きな点が面接、グループディスカッション（以下ＧＤ）です。今までは企業内の会議室などに就活生が出向いて選考を受けていました。それが自宅で受けられるようになったのです。

オンライン面接の項目で改めて説明しますが、この変化は対面、オンラインの違いにとどまりません。場所の設定とその責任が企業から就活生に移行した、とも言えます。

本章では、オンライン面接の詳細を中心に、面接の基本、ＧＤから内定辞退・失敗後の立て直しまで一気に解説します。

(1) 面接の基本

自己紹介は状況で変える

A　石渡です。本日はよろしくお願いします。
B　東洋大学から参りました石渡です。本日はよろしくお願いします。
C　東洋大学社会学部の石渡嶺司です。石橋を叩いて世を渡る、と書いて石渡です。細かいことを調べる作業が大好きです。本日はよろしくお願いします。
D　東洋大学の石渡です。アニメ『ガールズ&パンツァー』が好きで、好きなキャラクターは秋山優花里です。あの参謀キャラがいいな、と思う今日この頃です。

さて、どれがいいでしょうか?

Dはない、と考えた方も多いでしょうけど、そんなことはありません。実はA～D、いずれも正解ですし、全部不正解でもあります。自己紹介、それも就活においては、その状況によって分かれます。

よく、就活マニュアル本などで「自己PRを一言入れる方が印象は良くなる」とあります。これを信じ込んだ就活生が、自己PRを一言(あるいは二言以上)、入れてきます。

それでは、面接担当者が、「では名前を述べた後にご着席ください」と言ったのであれば、どうでしょうか。これは、断然Aでしょう。

「名前と大学名」と指定しているのであれば、Bです。

そして、C、Dはアウト。相手が「所属大学と名前」と条件を指定しているのですから、長々と話しても、イライラされるだけです。

逆に、「それでは自己紹介をお願いします。一人1分程度でお願いします」だとどうでしょうか。A、Bだとちょっと寂しいですね。

そうなると、何か一言、加えたいところですが、Dはどう考えても趣味に走りすぎです。いや、せめて、多くの人が理解しそうな趣味ならまだしも、です。ごく少数しか理解できない趣味を出されても、「え?」となり、自己紹介なのにマイナスの効果しか出ません。

では、Dのような少数派の趣味がダメか、と言えばそうとも言い切れません。話を聞く面接担当者や面接に参加している他の就活生が理解できる、という前提があればいいのです。

それでは、「自己紹介を一言、お願いします。その後にご着席ください」では、どうでしょうか。

「一言」ですから、Cくらいの長さがちょうどいいはず。

ところが、実際のグループ面接では、「一言」と指定されていながら、所属サークルから自己PRまで長々と2分、3分と話してしまう就活生がよくいます（実によくいます）。問題はその後です。話の長さにつられて、次の学生も長く話してしまう連鎖反応が結構起きやすいのです。このとき、面接担当者は笑顔を見せつつ、内心では相当焦っています。

面接、それもグループ面接は選考序盤に持ってくる企業が大半です。人物を見極めたい、しかし選考対象者は多い。そのため、時間をある程度、区切ってさくさく進めていく必要があります。ところが、自己紹介のところで長く話す学生が続くと、その後の予定が大幅に狂ってしまいます。と言って、質問回数を減らすわけにもいきません。

こんなとき、就活生があえて、AやBのように、短く話すとどうでしょうか。面接担当者は内心では「よくぞ短くしてくれた」とガッツポーズしていることでしょう。

このように、面接における自己紹介は、面接担当者の指定、他の就活生の話し方などで変えていくことが求められます。

雑談はアイスブレイク

面接前には、面接担当者が雑談でも、と話しかけることがよくあります。これは、雑談でいろいろ就活生のことを暴こう、というわけではありません。もちろん、最初から最後まで雑談で終わる、という面接もあります。

ただ、面接前の雑談は、目的としてはアイスブレイクです。お互いに緊張しているので、まあ雑談でも、という程度。

この雑談もガチガチに捉える就活生は、そのまま面接でもうまく話せない、ということがよくあります。

もし、緊張していて、面接担当者から「緊張している？」と聞かれたら、正直に答えましょう。面接担当者は人事部所属であれ、他部署であれ、面接で就活生を相当数、見ています。もちろん、中には緊張しっぱなしの就活生もいます。面接担当者側は、就活生が緊張してうまく話せない、という事情も理解しているので、多少、たどたどしくなっても、そこは気にしません。

それに、雑談のときに「緊張しています」「上がっています」など、正直に話すと、就活生側の状況を理解したうえで面接を進めてくれます。

逆に、「いえ、大丈夫です」などと話したのに、面接中も緊張しっぱなしだと、どうでしょうか。「自分のネガティブな状況を正直に伝えられない」など、マイナスの評価になりかねません。

社会人は別に、就活生と違う生命体でもなければ、異星人でもありません。就活生と同じ人間です。ただ、就活生より多少早く生まれ、その分だけ多少の知識がある、という程度にすぎません。

そのため、極端に丁寧すぎると、よそよそしい、となります。逆に、砕けすぎても、「何だ、こいつは」となります。これはもう、模擬面接、あるいは就活イベント、あるいは、アルバイトを含めた日常で、社会人とのコミュニケーションに慣れてもらうしかありません。

結論の後回しはＮＧ

面接担当者　それでは、あなたのこだわりとは何でしょうか？

Ａ　私のこだわりは、チームワークです。大学の部活動では、当初、部内の雰囲気はあまりよくありませんでした。そこで私は～（以下略）。

Ｂ　私の大学の部活動では当初、部内の雰囲気はあまりよくありませんでした。そこで私は～（中略）。こういった事情があるので、私のこだわりはチームワークです。

エントリーシート（以下ＥＳ）や履歴書において、「結論を先に書け（出せ）」というマニュアルがあります。私も同感です。

ところが、ＥＳや履歴書で、なかなか結論を書かない就活生がいます。それどころか、面接でも、結論をなかなか話さない方がいます。

これは、相当、損をする話し方です。会話例をご覧ください。面接担当者の質問に対して、A、B、ともに内容は同じ回答です。

順番が、Aは質問された内容である「こだわり」が先、その具体例が後になっています。Bはその逆で、「具体例」が先、「こだわり」が後。

面接担当者の評価が高くなるのは、間違いなくAです。結論が後回しの話し方だと、「あいつ、話が長い」と思われて損をします。他でもない、私がこのタイプ。損をしている、と気づいてから、意識して改善するようにしました。

また、自己PRなど、話がやや長くなるとき、話を終えたあと黙るだけだと、面接担当者は戸惑います。少し考えているのか、話し終えたのか。

その点、話し終えたら「以上です」「以上になります」など付け加えると、話し終えたことがはっきりします。**面接では、この「以上です」を付け加えるようにしてください**。なお、短く答えるときは、無理に付ける必要はありません。

時間配分と話すスピードは要確認

面接では、多少ゆっくり話すくらいでちょうどよくなります。あれもこれも話したい、と考えると人はどうしても早口になります。これは就活生も社会人も関係ありません。私も、講演などで時間が迫ってくると話し方が早くなり、アンケートに「最後の方は早口だった」

と苦情を書かれることがよくあります。

話すスピードと合わせて考えておきたいのが、時間配分です。これを考えない就活生は面接で苦戦することになります。

グループ面接で就活生はあなたを含めて５人。全体の時間が1時間としましょう。一人当たり３問、できれば４問は聞きたいところ。面接担当者の挨拶や入退場、冒頭の自己紹介に質疑応答などを考えれば40分か50分くらい。50分としても、一人当たりの時間は10分。３問なら一問当たり３分ちょっと。４問なら２分30秒。全体の時間が30分見当で３問なら一問当たり２分しかありません。

さらに、話の長い就活生がいて、時間を圧迫してくることだってあり得ます。全体の時間はともかく、面接参加人数を最初から公開する企業はあまりありません。このように**時間配分は、一問１分程度、ではなく、当日の状況から考える必要があります。**

「最後の質問」で論外なのは

面接担当者　それでは本日の面接は終了です。最後に、あなたの方で何か聞きたいことはありますか？

Ａ　この会社は休みって多いですか？

Ｂ　××さん（面接担当者）は、就活生に戻るとしたらこの会社を受けていますか？

C　御社の△事業についてお伺いします。△事業で◇という観点があるのですがこれについてはいかがでしょうか？
D　特にありません。本日は私の話を聞いていただいてありがとうございました。
E　おすすめの本があれば教えてください。
F　特にありませんが、私のことについて、もう少し、お話しするお時間をいただいてもよろしいでしょうか？

面接選考が進むと、よく出てくるのが、最後の質問です。序盤のグループ面接から聞いてくる企業もありますし、中盤の個人面接以降に聞いてくる企業もあります。

私としては、お礼、疑問、自己PRのいずれか、と見ています。

まず、論外なのがA。調べればわかる話は面接で聞く必要がありません。仮によくわからなかったとしても、時と場合をもう少し、考えるべきです。

これはBも同じ。もし、面接担当者の上司がいる面接でこれを聞くと、どうでしょうか。面接担当者はどう答えたものか、苦しむことになります。もし、プライベートの場で就活生と社会人、双方に信頼関係ができているならこの質問もいいでしょう。が、面接だと、相当なマイナス評価を受けるだけです。

Cは、プラス評価になることもあれば、マイナスになる可能性もあります。うまく自己P

Rに結びつけることができればいいでしょう。とはいえ、簡単なようで難しく、しかも、Aと大差ないことも多々あります。

Dは、本当に質問がない場合。結果的には、このパターンを選択する就活生が多いです。

Eは、企業ではなく面接担当者個人に聞くパターン。他に「座右の銘を教えてください」「若手社員によく話すことは何ですか?」など。「それを今、聞いてどうするの?」とイラッとされる可能性も少しあります。とはいえ大半は、雑談の一環、として話してくれるでしょう。

Fは、自己PRを補足するパターン。質問ではなく、自己PRに変えてしまいます。面接担当者も「どうせ時間が余っているのだし、まあいいか」と容認します。

ただし、グループ面接でこれをやると、全員が話すことになります。面接担当者も予定が狂うことになり、ストレスが溜まります。個人面接など、余裕がありそうなとき限定のパターン、とも言えます。

それぞれ一長一短ですが、D「お礼」かF「自己PR」のどちらか。もしくは、C「企業への疑問」かE「面接担当者への質問」のいずれかではないでしょうか。

面接前後のポイント

ここでは、前後のポイントにも触れておきます。せっかく面接はうまくいったと思ったのに、ということのないようにしたいものです。

【大きい荷物は預けよう】

首都圏・関西圏の企業を取材していると、地方就活生の評価を下げるパターンで出てくるのが、この「大きな荷物」。

鞄が大きいとか、リュックだったとか、スーツケースだったとか、いろいろあります。採用担当者に話を聞くと、「なぜ、他の就活生のように、荷物を預けられないのか」とのこと。同じ地方出身の就活生でも、コインロッカーに預けてくる人もいます。「早めにコインロッカーを探すなどできることをやらず、面接時に持って行くことを恥じないのか」。ある採用担当者はそう話してくれました。もちろん、コインロッカーの料金はかかります。それでも、荷物一つでマイナス評価になりかねないことを考えれば、安いものではないでしょうか。

【「メラビアンの法則」は誤解だけれども】

日本の就活において、身だしなみや第一印象について説明する際に多く用いられるのが、メラビアンの法則です。

心理学者のメラビアン博士が発見した法則で「見た目・身だしなみ・しぐさ・表情など」55%、「声の質（高低）・大きさ・テンポなど」38%、「話す言葉の内容」7%という割合。いくら話しても、言いたいことは7%しか伝わらず、第一印象で左右される（『反社会学講座』イースト・プレス、2004年）、というものです。

「ですから、就活生の皆さん、第一印象が大事なんですよ」などと講演者が強調し、そのセミナーに参加した就活生は、青い顔をしながらメモを取るのがよくある光景です。

特に、アパレルや化粧品メーカー、写真館の担当者による就活マナーセミナーやビジネス研修では、ほぼ間違いなく、このメラビアンの法則が登場する、と言っていいでしょう。

しかし、このメラビアンの法則は、都市伝説、または、一種の俗流解釈にすぎず、はっきり申し上げると、不正確な引用です。

2004年刊行でベストセラーとなった『反社会学講座』の中で、随筆家のパオロ・マッツァリーノさんがこのメラビアンの法則の危うさを論破しています。そもそも論として、メラビアン博士本人が「この実験結果を日常のコミュニケーションに適用することはできない」と認めています。

ところが、なぜか、日本の就活では、この「メラビアンの法則」が延々と引用されています。しかも、私がこのことを指摘すると、黙殺されるか、逆ギレされるか、どちらか。あるセミナー講師は「第一印象はどうでもいいのでしょうか」と逆ギレぎみの反論をぶつけてきました。誰もそんなこと言っていませんってば。

それから、あるメーカーの採用担当者は、「正確さなどどうでもいい」と返答してきました。ちなみにこの方は、その後、パワハラ事件を起こして退職されています。

数少ない例外として、漫画家のえりたさんがこれをネタにしたエッセイ漫画を掲載。私が指摘したところ、すぐに訂正のうえ、さらにそれをネタにしたエッセイ漫画をネットで公開されていました。えりたさんの漫画は営業職や女性総合職、働き方などを考えるうえですぐれた作品が多く、就活生の皆さんにもお勧めです。

話を戻すと、第一印象が重要なことは確かです。ただ、その引用が不適切だと、正論も色あせます。

【相当目立つ、鼻毛、フケ、体臭】

男子学生、特に女子が少ないと思われる理工系学生やオタク系サークルの就活生に多いパターンがこれ。鼻毛が出ている、肩にフケが目立つ、体臭がきつい……。

いや、それだけで面接に落ちるわけではありません。鼻毛が出ていようと、肩にフケが目立っていようと、仕事のできる人はいます。臭いがきつくなるくらい風呂に入っていなくても、人間、死ぬことはありません。

外見や身だしなみと、仕事のできるできないが無関係な社会人がいることは事実です。ただし、仕事のできる社会人は外見や身だしなみに気を遣う人の方が多い、これも事実です。就活生についても同じことが言えます。

そもそも、自分の外見や身だしなみに気を遣う、言うなれば自分を大事にできない人が他人と一緒に仕事をすることが可能なのでしょうか？

個人営業の仕事、例えば、小説家やプログラマーなどであれば、身だしなみよりもまず仕事、というのは確かにあります。一方、企業に就職すればその大半がチームで動くわけで、最低限の身だしなみは求められます。

いくらテレワーク化が進んでも、新卒採用ではこうした点も面接などで見られています。

【受付・案内者を侮るなかれ】

対面の面接を、その企業の本社・支社内で実施する場合、受付を通ることになります。受付は内線電話が置いてあるだけの企業もあれば、受付担当者が常駐している企業もあります。規模が大きいのは後者。そして、受付担当者はそのほとんどが女性です。

そこで就活生によっては「女性だから」「権限のない一般職だから」などの理由で軽く見る人がいます。これは就活生を案内する社員に対しても同様です。

受付・案内の社員を軽んじるのは男子学生だけか、と思いきや、女子学生も一定数いる、とのこと。

相手の立場によって態度を変えるのは人としていかがなものでしょうか。実はここが落とし穴で、受付担当者のいる企業は実は就活生の対応をチェックしています。これは受付ではなく、案内をする一般職社員が受け持っている企業もあります。

趣旨としては、どちらも同じ。「よほど態度の悪い就活生がいたら報告するように」と指示を受けています。これは前項目で出た、鼻毛・フケ・体臭の学生も同じ。

人事・採用のプロではなくても、「一緒に働きたくない」と思う就活生はチェックするそうです。この結果は「面接とほぼ同じ」とのこと。

受付・案内者だからと言って、軽く見ると痛い目に遭います。

【遅刻・欠席でも連絡は必要】

面接で、もしも遅刻しそうなら、まずは連絡しましょう。

もちろん、遅刻はよくありません。しかし、不可抗力で遅刻してしまうこともあります。あるいは、就活生が単純に寝坊した、ということもあるでしょう。

心証はよくないにしても、連絡することが必要です。

もしも、何らかの事情で面接予定時間を大幅に過ぎていた場合はどうでしょうか。遅刻どころではありません。

就活生によっては「もう、この会社終わった」と思うかもしれません。でも、こうした場合も連絡はしておきましょう。

企業によっては、事情を斟酌して、別の日に改めて面接を実施してくれるかもしれません。

「ご縁がなかったということで」になっても、連絡を入れた、という姿勢は認めるはず。それに、その企業の選考はダメでも何かあれば連絡、という姿勢はどこかで間違いなく評価されます。

その逆に、「何かあれば連絡なしのキャンセルでいい」という姿勢は、その後の就活、社会人になってからでも、どこかで必ず痛い目に遭います。

【自宅に帰るまでが面接】

対面の面接が終わると、すぐ緩む就活生がいます。その企業の玄関で電話をする、あるいは、その企業の周辺の喫茶店で就活仲間と愚痴をこぼし合う、など。

小学生の頃、遠足が終わった後、学校の先生は「家に帰るまでが遠足です。怪我のないように帰宅しましょう」などと話しませんでしたか？

面接も全く同じです。すぐに緩む、その姿勢は就活生が気づかないところで結構、見られています。見ているのは、採用担当者本人かもしれませんし、別部署の社員、あるいは取引先かもしれません。本当に自宅に帰るまでが面接なのです。

（2） オンライン面接

まず環境を自分で整備する

オンライン面接は、対面式の面接と異なり、場所・環境の設定の責任は就活生側にあります。２０２１年卒就活生は、初めてということもありますが、「面接の会場が企業の会議室から自宅に変わった」と軽く見る人が一定数いました。

たかが準備なのですが、この準備を就活生側がどこまできちんとできるかがオンライン面接を大きく左右します。

【パソコンかタブレットが大原則】

２０２1年卒就活生はスマートフォンでオンライン面接に参加する人がいました。スマホだから落ちる、とまでは言いません。しかし、スマホの方が、通信容量不足、回線切れ、アプリ（オンライン会議システム）の操作性などでトラブルが多数起きた、と採用担当者の証言が多数あります。

それに、ＰＣやタブレットの方が、画面は大きく、その分だけ、よく見えます。あまりにもトラブルが多く、その悪評が就活生にも伝わったのか、２０２０年10月現在、22年卒就活生がインターンシップ、セミナー、イベントにオンラインで参加するときはＰＣやタブレット利用者が多数となっています。

オンライン面接を受ける際は、トラブルを少しでも減らすために、**ＰＣかタブレットの利用を強くお勧めします**。

以下、本書では、ＰＣやタブレットによる面接を前提とします。なお、どうしても、スマートフォンでオンライン面接に臨む場合は、手持ちにせず固定スタンドを利用する、ガラケー、自宅の電話などで回線切れの際のトラブルに備える、などが必要です。

【通信環境を整備する】

自宅で受ける際は通信環境を確認し、通信容量の大きい契約にしておく必要があります。もっとも、通信容量の大きな契約でも、テレワークの普及などにより、回線切れを起こすことがあります。

それでも、通信容量の大きな契約にしておけば、回線切れのトラブルに遭遇する確率は下げることができます。

オンライン面接は、顔を出すのが大原則です。その分、通信容量は就活生の想定以上に必要である点にも注意しましょう。

【どこでやるか】

もしあなたが**実家で家族同居の場合、オンライン面接を受ける時間は事前に伝えておきましょう**。面接の最中に、「ちょっと！　牛乳買ってきてくれない？」など声を掛けられると、雰囲気がぶち壊しになります。面接担当の社会人はこうしたトラブルには慣れているのでそこまで問題にはなりませんが、それでも就活生は慣れているわけがなく、心が折れた、との報告がよくあります。

自宅の通信環境がどうしてもよくない、あるいは、面接の時間に自宅に戻れない、ということであれば、外で面接を受ける必要があります。

候補としては、大学、喫茶店、ネットカフェ、カラオケ店、貸し会議室、ホテル（デイユース・テレワーク利用）、テレワークブースなど。

まず、絶対にやめた方がいいのは喫茶店。公共の場です。そこで面接のために会話するのはマナー違反。テレワークでの通話を認めるところもありますが、雑音が多すぎて面接には不向きです。

カラオケ店は個室という点ではいいのですが、部屋の中は暗いところが多く、顔映りがよくありません。これはテレワーク対応をしているネットカフェも同じです。

貸し会議室やホテルのデイユース、テレワーク利用だと、部屋も明るく、雑音もありません。こちらは料金が数千円程度、と高い点がネックです。

テレワークブースは、たとえばＪＲ東日本が首都圏の主要ターミナル駅に「STATION WORK」を設け、さらに拡大していくことを発表しています。15分２５０円からなので、面接の時間を考えれば１０００円前後かかります。

大学キャリアセンターや、大学のサテライトオフィスのオンライン面接ブースを予約する、という手もあります。選考のハイシーズンとなると、予約が埋まりやすい、感染対策などでそもそも大学内に立ち入ることができない、などがネックです。ただし、利用することができれば、利用料などはかかりません。

いずれも一長一短であり、どこでオンライン面接を受けるのがいいか、状況に応じて検討していきましょう。

【オンライン会議システムのダウンロード】

オンライン面接はＺｏｏｍが多いのですが、スカイプ、インタビューメーカーなどを企業側が指定することもあります。

企業側がダウンロード方法も含めて連絡してきますので、必要に応じてダウンロードするようにしてください。

一度、ダウンロードしたらもう大丈夫、と就活生は安心してしまいます。

コロナショックにより、オンライン面接だけでなく、テレワークも一気に普及しました。オンライン会議システム利用者も急増し、その結果、セキュリティなどが問題視されることも多くなったのです。そこで、オンライン会議システムの運営会社はバージョン変更を頻繁にするようになりました。

バージョンを適宜、変更していないと、互換性に欠ける、操作できない、などトラブルが起きてしまいます。面倒であっても、バージョンは常に最新のものにしておくことがオンライン面接では必要です。

セッティングのポイント

オンライン面接では、見栄えなど、面接前もある程度工夫する必要があります。

【明るさ】

対面式の面接で会議室が暗かった場合、どの就活生でも平等に暗く見えることになります。一方、オンライン面接ではどうでしょうか。就活生のセッティングによって、就活生の顔が暗く見えることもあれば、明るく見えることもあります。

当然ですが、**明るく見えた方がオンライン面接では有利**になります。部屋は明るくても逆光のため、オンライン画面では自分の顔が暗く見えることに就活生本人は気づかないということもよくあります。オンラインによる就活イベントやセミナーなどに何度も参加していると、自分の顔が明るく見えているのか、暗いのか、よくわかります。

対策としては、部屋全体の照明はシーリングライトに変更。リングライト（別名・女優ライト）を使う、ライトスタンドを複数使う、レフ板や白ハンカチを下に敷く（光を反射させるため）、カメラ設定を変える、など。

私も、自室でユーチューブ撮影やオンラインによる講演が増えたこともあり、この明るさ調整、あれこれやりました。今のところ、シーリングライト＋リングライト＋ライトスタンド、というところで落ち着いています。

【カメラ位置】

カメラの位置が低すぎると、本人が見下ろすようになり、悪い印象になりがちです。逆に高すぎると、これはこれで、苦しい印象を与えます。**カメラと目線が同じだとちょうどよい高さ**になります。そこで、調整スタンドを導入するか、箱や分厚い雑誌などを使って、高さを調整することが必要です。

【部屋の背景は白か一工夫】

オンライン面接は本人だけでなく、部屋の様子も映すことになります。あまりにも乱雑だと、悪印象となるので片づける必要があります。ここまでは、すでに出ているオンライン選考の書籍、ネット記事と同じ。

問題はこの後で、「背景は白か、白以外でも何もない壁が望ましい」と他の書籍、ネット記事には出ています。

私はこの部分、違和感があり、就活生によって工夫をしてもいいのではないか、と考えています。

例えばですが、体育会系の部活をアピールしたいなら、そのユニフォームや写真を背景に置く、というのはどうでしょうか。スポーツファンなら、そのスポーツチームのグッズを並べる、という手もあります。

白ないし壁一面だと無難であることは確かです。それに、背景を工夫して自己PR材料をもってきても、面接担当者がその話を振ってくれる、とは限りません。工夫しただけ時間のムダ、という指摘も当然あるでしょう。

オンラインセミナーやイベントなどを見ていると、8割以上の就活生が「白・壁一面」を選択しています。私から見ると、あまりにも無個性で、それもどうかな、と思う次第です。

背景を工夫する場合、仮想背景を使う、という選択もあります。2020年10月現在、就活においては背景工夫と並んで仮想背景も少数派です。

仮想背景は具体的には、自分の写真を使う、あるいはパワーポイントを背景にする、名刺タイプにする、など手法はいろいろ。

仮想背景は、部屋の乱雑さを隠せる、という点で便利です。社会人のテレワークではよく使われています。就活においては、まさにこの「部屋が汚いから隠しているのではないか」と誤解を受けかねない点がネックです。

それから、そこまで企業側が深読みをしなくても（そもそも部屋を必ず見せなければいけない、というものでもありませんし）、問題があります。仮想背景にすると、通信に負荷がかかってしまうのです。その分だけ、回線切れなどのリスクが高くなってしまいます。

通信状況によっては、この仮想背景は避けた方がよいでしょう。

【マイク】

ワイヤレスだと格好良く見えます。普段はワイヤレスマスクを利用している就活生も多いでしょう。ただし、他の機器の影響を受けやすく、回線切れを起こしやすい、とも言えます。見栄えが悪くても、有線タイプをお勧めします。

意外と大事なのが、マイクの音量チェックです。マイクはヘッドホン一体型、イヤホン一体型などいろいろあります。音声をどの程度、拾うのか、少しずつ異なりますし、就活生本人の声量にも左右されます。

マイクを購入したら、一度、音声確認をしておきましょう。事前に音声チェックをしておくと、当日、慌てずに済みます。

【アイコン・オフ状態の画面は恥ずかしくないものに】

友人相手にオンライン会議システムを利用する場合、アイコンやオフ状態の画面を身内ネタで笑いの取れるものにしている人がいます。でもその面白さは面接担当者にはわかりません。オンライン面接の前には、恥ずかしくないもの、フォーマルなものに変更しておきましょう。

【カンペはあってもいいけれど】

「用意したらバレる」「用意してもバレない」と意見が分かれるのが、カンニングペーパー（通称・カンペ）です。対面式の面接だと持ち込むことはできませんが、オンライン面接なら、いくらでも対策ができます。

このカンペ、「バレる」「バレない」は実は同じです。まず、カンペの存在だけを見れば、バレない可能性の方が高いです。カメラの後ろに貼り付ける、ＰＣ画面を分割して出しておく、など、方法はいろいろ。採用担当者もそこまでチェックしきれません。

では、「バレる」のはどこか、と言えば話し方。対面式の面接でも、丸暗記した内容を一気に話そうとする就活生がいます。

これはオンライン面接でも同じです。しかも、カンペがある安心感からか、一気に読もうとする傾向はより強まります。採用担当者に取材しても「目線などはわからないが、雰囲気でわかる」との意見が多数ありました。

カンペは用意してもいいでしょう。ただ、カンペに依存するのではなく、どう答えるのか、事前準備が必要です。

面接当日のポイント

オンライン面接は、当日になっても、いろいろトラブルが起こり得ます。そのため、面接の前日に確認してあっても、当日の開始前にも、改めて確認しておきましょう。特にイヤホンやカメラなどを新しくした場合、慣れるという意味でも再確認が必要です。

【名前は本名に】

キングオブコント２０２０を獲ったお笑いコンビ・ジャルジャルがユーチューブで「リモート面接でめっちゃふざける奴」を２０２０年5月1日に公開、10月現在、４３７万回再生まで伸びています。下ネタ含みではありますが、このコントではオンライン面接アプリの名前欄もアクセントに使っています。

コントでは、名前を段々と変えていきますが、実際のオンライン面接では、名前を変えていない、という就活生がいます。非表示だったり、ニックネームなどであれば、面接担当者は違和感を持ちます。ちゃんと本名に変えておきましょう。

【スマホの使い方】

PCかタブレットを使ってオンライン面接を受ける場合、スマホはバックアップになります。対面式の面接だと、電源オフがマナーとなりますが、**オンライン面接だと、マナーモードが一番**です。回線切れなどの緊急連絡に使えるからです。

スマホでオンライン面接を受ける場合は、ガラケー、あるいは自宅の電話など、バックアップは用意しておき、その電話番号は事前に企業側に伝えておきましょう。回線切れなどが起きた場合、すぐ連絡を取るためにもバックアップは必要です。

回線切れトラブルが起きた場合、面接担当者とすぐ連絡する必要があります。緊急連絡先は面接前に企業側がメールなどで連絡します。その番号はメモに書いておいて、何かあればすぐ連絡できるようにしておきましょう。

【服装はスーツが基本】

服装は対面式の面接と同じです。企業側の指定がなければ、スーツが一番です。なお、画面に映り込まなくても、一応、上下、ちゃんと着ている方がいいでしょう。

【5分前には待機状態に】

オンライン面接は、開始5分前には全ての準備を完了し、待機しておきましょう。

【企業側が遅れることも】

就活生側は5分前に待機状態でも、面接担当者の入室が遅れることもあります。対面式の面接だと、面接担当者が遅刻、というのはあまり起きません。

理由としては、ギリギリまで会議や他の選考があった、面接担当者側が回線トラブルで入室できなかった、などがあります。

就活生からすれば、「こちらには早く入れ、と言っておいて遅れるなんて」とイライラするかもしれません。こうしたトラブルは起こり得る、という前提で待機するようにしてください。

【挨拶の次はお互いに音声チェック】

入室したら、まずは、「よろしくお願いします」など、挨拶から始まります。おそらくは面接担当者側が「こちらの音声は聞こえますか？」など確認してきます。大きいか小さいか、ちょうどいいのか、きちんと伝えましょう。

【トラブルがあればすぐ連絡】

回線切れなどがあれば、すぐ連絡しましょう。

なお、オンライン面接に慣れている企業だと、事前に「回線トラブルなどがあれば、こちらから連絡します」など、明記しています。この場合は、バックアップのスマホ・携帯電話に連絡が入りますのでそれを待ちましょう。

回線切れなどトラブルが起きた場合、まず、再接続できるかどうかを確認します。それでもつながらない場合、別の日程で再度、やり直すか、電話による面接に代えるか、どちらかです。

【音声ズレは起こり得る】

回線切れまでいかなくても、起こり得るのが音声ズレや画面フリーズです。そのまま、回線切れとなることもあれば、回線が回復して元に戻ることもあります。

この音声ズレや画面フリーズもオンライン面接にありがちなトラブルです。と言って、就活生側は通信容量を増強しても起こるため、それ以上は手の打ちようがありません。こういうトラブルもあり得る、という前提で臨むしかないでしょう。

【聞き返しはよくある話】

対面式の面接だと、面接担当者が就活生側に「もう少し、大きな声で話してくれる?」とリクエストすることはそこそこあります。その逆はほぼないでしょう。

しかし、オンライン面接だと、双方が途中、聞き取れなくなることが起こり得ます。就活生からすれば、「目上の人に聞き返していいのか」と戸惑うことでしょう。しかし、聞こえないままだと、そちらの方が問題です。「音量を上げていただいてもよろしいでしょうか？」「少し、お声が遠いようです」など、就活生側が聞き直すのは、全く問題ありません。

【話すときはカメラを見る】

オンライン面接のときの視線もよく就活生の間で話題になります。基本は、カメラを見るようにしてください。

【メールソフトなど他の画面は切る】

ＰＣやタブレットを利用する場合、メールソフトなど他のソフトを開けたままにしておくと、着信音が入ることもあり得ます。面接の進行を妨げますので、オンライン面接用のソフト以外は切るか、着信音のオフ設定が必要です。

【対面よりは、ややゆっくりと】

オンライン面接だと、対面式以上にゆっくりと話すようにしてください。

【タイピング音は意外と聞こえる】

対面式の面接と異なり、オンライン面接はメモを簡単に取れる、という特徴があります。ただし、このメモ取り、面接中にメモを取るのはそもそもマナー違反と指摘する就活カウンセラーもいます。

私も無理にメモ取りはしなくてもいいのでは、と考えています。それと、ＰＣ入力でメモを取る場合、タイピング音が就活生の想像する以上に聞こえています。と言って、ノートやメモ帳などに記入していくのも、メモ取りの際に下を向くことになります。あまり印象はよくありません。

どうしても取りたいのであれば、面接担当者に一言、断ってからにしてください。

【退室はお礼のあとで】

オンライン面接終了後は、まずはお礼を言いましょう。

相手が退室するのを待ってから退室、これが基本です。ただし、面接担当者がすぐ退室しない、接続がそのままになっていることもあります。

いつまでも、退室を待つよりは、「それでは失礼いたします」と、ひと声掛けたうえで、退室する形で十分です。

(3) グループ面接

多人数の面接、グループ面接の注意事項は対面・オンライン、両方に当てはまります。

【他の学生によって変わる時間配分】

「面接の基本」項目でもご説明した時間配分はグループ面接で特に重要です。他の面接参加者が話しすぎた場合、全体の面接時間が圧迫されます。

ここで、「他の参加者が長く話しているのだから自分も長く話そう」とつられるのか、それとも、あえて短くするのか、対応力が問われます。

好感を持たれるのは間違いなく後者。わざわざ「少し短くお話ししますが」など付けると、少し嫌みになるのでこれは省略でいいでしょう。

【話し終えても油断しない】

グループ面接だと、自分の話を終えると、それで安心して次の質問に備える就活生がいます。オンラインであれば、視線はカメラが基本ですから、それほど気にする必要はありません。対面式であれば、視線は話をしている就活生に少し向ける、という程度が一番です。

なお、企業によっては、不意打ちとして、自己ＰＲなどが一通り終わったら「それでは左隣の方の自己ＰＲを聞いた感想をお願いします」など、他の参加者の話を聞いていないと答えられない質問をしてくることがあります。

そうした質問がなくても、隣の学生の話は聞く姿勢は見せた方がいいでしょう。

（4）グループディスカッション

売り手市場、オンライン化で減少傾向に

グループディスカッション（以下ＧＤ）は面接と異なり、「他の就活生がプレーヤーとして参加」「他の就活生の行動・言動によって自分の対応も大きく変わる（評価も）」の2点が大きな特徴です。

ＧＤは、2010年代後半から減少傾向にありました。理由は、「売り手市場」「変数の大きさ」の2点です。

まず、1点目の「売り手市場」ですが、これにより、内々定はもちろんのこと、選考の辞退やキャンセルが多くなりました。特に選考については、直前のキャンセル、無断キャンセルも相当増えています。本書を読んでいる就活生は絶対にマネしないように。

さて、ＧＤは、一グループにつき少なくても4人、多ければ7〜8人くらいで構成することが前提です。ところが、売り手市場によって、選考キャンセル者が増えてしまいました。その結果、ＧＤ選考も就活生が予定数に到達しない事態が続出します。中には「2人しかおらず、対談になっていた」など笑えない状況も。

2点目の「変数の大きさ」。これは他の就活生が参加するため、選考の判断が意外と難しい、という事情によります。クラッシャータイプの就活生がいて議論がまとまらないグループ、議論がまとまったのは、司会役が良かっただけ、というグループもあります。こうした変数の大きさを考えれば、GDは結構、判断の難しい選考方法なのです。そのため、GDよりは、面接を1回、増やす方がいい、と判断する企業が元々増えつつありました。

さらに、コロナショックにより、GDを外す企業が増えています。オンライン選考が主流になったことが影響しているからです。

GDをオンラインで実施して、回線切れが起きた場合、他の就活生をどうするのか、という点が問題です。まさか、待たせるわけにいきませんし、回線切れを起こした就活生だけ別扱いするのも、不公平感があります。

こうした事情から、GDを選考から外す企業が増えていますし、今後も減少傾向が続く、と見られています。

タイプ・利用目的はいろいろ

GDにはいくつかタイプがあります。私が取材を元に、4タイプに分類しました。

まず、ふわふわ型は、お題がふわっとしている点が特徴です。例えば、「お弁当と給食、どちらがよいか?」。これは誰にとって、と指定がありません。仮に「中学生にとって」と指定があっても、様々な観点があります。中学生の親にとっては給食の方が弁当作成の手間が省けます。学校だと、給食費徴収の手間がかかりますし、食育という観点もありますし、どの観点から論じるのでもOKです。単純そうで、前提条件を揃えるのが落とし穴となるタイプでもあります。

シチュエーション型は状況・設定を企業側（あるいは企業から委託を受けた採用支援会社）がかなり作り込み、それを元に議論していきます。ただし、これも前提条件をどう揃えるのかが重要です。

討論型は実質的にはGDというよりは討論です。これは一部のベンチャー企業で利用される程度であまり多くありません。

マナー重視型は、ディスカッション内容よりも、マナーなどふるまいを評価しているタイプです。具体的には、一グループにつき社員1人ではなく、2〜3テーブルを社員1人で見る場合、このタイプに該当する可能性が高いです。

グループディスカッションのポイント

GDは見ず知らずの就活生と一緒になる、つまり、変数が大きな選考です。その変数を埋めていくためのポイントをいくつか解説します。

【対面は受付開始と同時に行く】

対面式の場合、変数を埋めていく就活生側の対抗手段で最も有効なものが「受付開始と同時に行く」です。

最初に行けば、それだけ待ち時間が長くなり、グループを構成する他の就活生と話す時間が増えます。お互いに自己紹介をして、ＧＤに慣れているかどうかも含め、いろいろ話すようにしてください。そうすれば、短い時間とは言え、お互いを理解することができます。相手がどんな学生かわかると、その分だけ、議論を深めることが可能になります。

緊張のためか、開始時間まで何も話さない就活生がいます。これは、情報交換の時間があるのに浪費しているも同然であり、もったいないです。

【ノートにテーブル地図を書く】

対面式であれば、小技として、テーブル地図があります。自己紹介をしている間、テーブルのどこに誰が座っているのか、名前などを書いていきます。余裕があれば、特徴も書くといいでしょう。

いざ、ディスカッションが始まると、自己紹介をしていても、熱が入るので、名前はどこへやら。忘れてしまい、「あなたはどう思いますか？」など他人行儀になりやすいです。

その点、テーブル地図があれば、どこの誰か、すぐわかります。お互いに名前で呼び合う方がディスカッションは盛り上がります。

【スマホ時計は指示次第】

スマートフォンのタイマー機能などは便利です。私も講演で利用し、時間配分を考えています。同じことはGDにも当てはまります。就活生によっては、ゼミやサークルなどでよく使っていますので、GDでも自然に使おうとします。

企業側はどうか、と言えば、「タイマー機能ならいい」とするところ、タイマー機能も含めスマホ利用はアウト、とするところ、それぞれ分かれます。

後者だと、採用担当者の目を盗んでのお題検索などを防止するためです。こうした企業で、スマホのタイマーを利用しようとすると、マイナスの評価になりかねません。始まる前に、スマホのタイマー機能を使ってもいいかどうか、確認した方がいいでしょう。

【役割はあってもなくても】

大学の模擬GDでは、最初に役割を決めるところがあります。わかりやすさはあるのですが、実際はどうか、と言えばそこまでではありません。

首都圏・関西圏の大学を中心に、「役割を決めずに話を進めましょうか」とする就活生が増えています。

こうしたグループに当たった場合、無理に役割を決めなくてもいいでしょう。

なお、役割を決めていく場合、「司会だから有利」「タイムキーパーだから不利」などは俗説にすぎません。

ただし、役割に忠実すぎて、自分の意見を言わない就活生がときどきいます。司会だと「●●さんはどうですか？」と話を振るだけ、書記はノートを書いていくだけ、タイムキーパーは「あと●●分です」と話すだけ。

役割は役割として、ＧＤでは、自分の意見を話さないと意味がありません。

【全員議論で全員通過を目標に】

ＧＤの通過率はどれくらいか、就活生は気になります。中には「40％。だから、5人グループなら2人しか通過しない」と勝手に判断し、目立とうとする就活生もいます。

目安としての通過率を出す企業でも、実は必ず「一グループ●人」とは決めていません。結果として全員通過の場合もあれば全員不通過の場合もあります。

通過人数は就活生の想定以上に変動しやすく、特にマナー重視型は、通過率が高めです。そのため、ＧＤでは、「全員議論で全員通過」を目標とした方がいいでしょう。

【時間配分はどうする？】

グループ面接でも解説した時間配分、これはＧＤでも同じくらい重要です。

お題が少し難しい場合は、それぞれ考える時間が必要です。逆に簡単なら、すぐ話を始める、という手もあります。

参加者が一通り意見を出した後、さらに議論を深めていきます。情報提供や持論を出していくと、残り時間はごくわずか……。GDの時間配分は、不確定要素が大きすぎます。最初に時間配分を決めても、その通りにいくとは限りません。時間配分はあくまでも目安程度にしておく方が無難です。

最初は各自考える時間を数分。その次に意見表明をしていき、残り5分くらいのところでまとめ。発表が必要なら発表者も決める、というところでしょうか。

【前提は早めに整理する】

GDのお題は、どのタイプであれ、実は前提条件がはっきり決まっていません。この前提条件はGDの序盤ですり合わせをしておかないと、議論がかみ合いません。

ワイドショーや討論番組だと、この前提条件や解釈の違いから議論のすれ違いがよくあります。その方が番組としては盛り上がることもあるのですが、議論の質という点では低い評価になります。同じことは就活のGDについても言えます。

前提条件は早めに整理しておく方がいいでしょう。

【書記のノートは何のため?】

私は模擬GDのファシリテーターを依頼されることがよくあります。まあ、それも取材の一環だし、ということで受けるのですが、観察していると、書記が書記の役割を果たしていないことが実に多くあります。

対面式のGDで発表あり、としましょう。にもかかわらず、会場には模造紙が数枚に黒のサインペンが用意されていた、とします。書記がサインペンを使って大きく要点をメモ、他の人にわかるように見せていくケースは多くありません。大半は自分のノートに、自分のペンで書いています。そのペンが細いと、ちょっと離れると何を書いているのか、全く見えません。

GDにおける書記は、参加者のコメントをノートに取ればいい、というものではありません。必要に応じて、他の参加者にそのノートを提示、議論の進行を促す役割でもあります。

【役割がなくても関係ない】

書記やタイムキーパーを決めた、としましょう。

では、ノートを取る、あるいは時間に関連する発言は他の参加者はしない方がいいのでしょうか？　そんなことはありません。

まず、ノートですが、書記でなくても、自分用に書くのは有効です。それから、時間に関連するコメント。これはタイムキーパーより先回りしすぎると、気まずい雰囲気になります。一方、議論がかみ合わないとき「今、時計を見たら残り×分でした。少し、テンポを上げて話をまとめませんか?」など時間を意識したコメントはタイムキーパーでなくても有効です。

【慣れているならパスを出す】

GDに慣れている就活生であれば、意識してほしいのはバラエティ番組・ワイドショーのMCです。フジテレビ系列「バイキングMORE」の坂上忍さん、TBS系列「ひるおび!」の恵俊彰さん、TBS系列「ゴゴスマ」の石井亮次さん、テレビ朝日系列「ロンドンハーツ」の田村淳さんなどがその典型です。それぞれカラーは異なりますが、共通しているのは、その進行能力です。出演者が多くても話を振りますし、さらに面白い話を引き出したり、危なっかしい発言もまとめたりしています。

もちろん、就活生にそこまでの能力などあるわけがありません。ただ、MCの数ある能力の中でも、話を引き出す、この点は参考にしてほしいところ。

具体的には、うまく話せていない参加者にもパスを出すようにしてください。

一番よくないのは、慣れている参加者だけで議論をまとめてしまうことです。せっかく議論が進んでも「他の参加者を放置した」として低い評価になってしまいます。

【不慣れなら素朴な疑問・前提戻り】

逆に、議論に慣れていない就活生はどうすればいいでしょうか。それは「素朴な疑問」

「前提（原則）に戻る」の2点です。

まず、1点目ですが、内容がよくわからない場合は「ここの部分、わからないので教えてください」と正直に聞きましょう。聞いたら知識のなさがバレるので質問できないという就活生が多いです。しかし、知ったかぶりよりは、はるかにまし。しかも、この素朴な疑問をぶつけることで、意外と議論が進むこともあります。

2点目の「前提（原則）に戻る」は、議論に慣れている就活生同士だと、議論が進む代わりに枝葉の、どうでもいい部分でもめることがよくあります。このとき、「お題の前提って、何でしたか？　そこにひとまず戻りませんか？」と、前提（原則）に戻るよう促すのです。これも議論を本論に戻した、ということで就活生の想像以上に高評価となることがあります。

【思い出話はほどほどに】

先に出したお題の例「給食か弁当か」、これは、就活生のほとんどがどちらかを経験しています。

そこで、「私が中学生のときは、食育ということで、鯨が出ていた」と話したとしましょう。これ自体は情報提供、ということで問題はありません。

しかし、その後、それぞれの中学生時代のエピソード紹介で盛り上がるとどうでしょうか。一見すると、盛り上がっていますが、議論としては深まっていません。単に思い出話を楽しんでいるだけです。

この例のように、参加者は盛り上がった印象があっても、選考落ちとなることがあります。なじみのあるテーマでも、思い出話に陥らないよう、注意しましょう。

【激論しても最後にまとめる】

意見が分かれたグループだと、どの意見を採用するかで激論となります。問題は、どう意見をまとめるか。

まず、やめた方がいいのは多数決。これだと、議論の意味がありません。じゃんけん、くじ引きなども論外です。

両論併記、少数意見の紹介、という手もあります。ただ、「結論を出しましょう」などとお題にある場合はNG。GDのリクエストから外れることになります。

では、どうすればいいか。やはり議論を尽くして違う意見の側も納得できるようにまとめる必要があります。

【正論が勝つ、とは限らない】

意見が分かれたとき、「自分の方が正論であり、クオリティも高いはず」と思い込み、持論にこだわる就活生がいます。心なしか、難関大生や大学院生に多い気がします。実際に話を聞いてみると、その意見の方が正しい、との印象を持てます。

ところが、正論であっても、それをどう、他の参加者に納得させるかが重要です。もちろん、「正論だから」「●●という本に出ているから」「●●さんが話していたから」ではアウト。さらに、自論の支持者が少ない場合、結論のクオリティが劣る、とわかっていても、引き下がることもときには必要です。

あまりにも自論にこだわりすぎると、ＧＤのクラッシャーとして扱われることになります。

【ボロボロでも投げ出さない】

別の項目でもご紹介した羽田圭介さんの就活をテーマとした小説『「ワタクシハ」』は就活の様々なシーンが登場します。ＧＤもその一つ。物語の途中で、主人公がＧＤで本題から外れて言い争いになるシーンがあります。その後、同じグループだった就活生が掲示板に恨み言を書くエピソードも登場します。

「うちの班はたぶん全員撃沈。あいつらのせい。イタイ者同士他所でやれ」

就活掲示板に書き込まないまでも、激論となった、クラッシャーが出た、などで、ＧＤの途中から「全員撃沈」と投げ出してしまう就活生がいます。

実はこれ、ＧＤでは落ちるパターンの一つです。『「ワタクシハ」』を例に考えましょう。

この小説では8人グループで、クラッシャー（自称・就活ブロガー）が主人公（元バンド・ギタリスト）の過去の経歴も込みで喧嘩を売ります。主人公も言い返すことで、議論がまとまらず、「全員撃沈」となったのでしょう。

実際はどうか、というと、このグループからも選考通過者が出た可能性はあります。まず、クラッシャーと、その攻撃に乗ってしまった主人公、この2人が落ちるのは確実です。問題は残り6人。仮に2人が議論をあきらめ、4人がそれでも議論を前に進めようとした、としましょう。次の選考に進むのは、議論をまとめようとした4人であり、あきらめた2人はクラッシャーと同じく落ちることになります。

ボロボロの状態になったとしても、最後までミッションを投げ出すまいとしたのか、それともあきらめたのか。このあたりも、実際のGDでは企業側も観察しています。

なお、GDについては、やや古いですが、『東大生が書いた　議論する力を鍛えるディスカッションノート』（吉田雅裕・著、東大ケーススタディ研究会・編、東洋経済新報社、2014年）が一番お勧めできます。

(5) 中盤以降の面接

第一志望か、正直か

中盤以降の面接は個人面接が増え、序盤の面接以上に、深く聞かれることがあります。また、「わが社の志望度は？」など志望順位関連の質問が増えます。

２０００年代の就活マニュアル本や関連記事を読んでいくと、「第一志望か？」との質問には「第一志望です」と答えるよう指示する本や記事が多数あります。就職氷河期（１９９3年～２００５年）が影響しているからでしょう。

２０１０年代以降になると、売り手市場を反映してか、「第一志望と答えよ」との記事は少なくなり、「第一志望群」「正直に話す」などが多くなります。

企業に取材すると、「今どき、就活生が気にするほど、第一志望にこだわることはない」とのこと。

目安として、どれくらいの志望順位なのか、一応聞いておこうか、という程度だそうです。似たところでは「他社の状況」質問も。これも、同じ業界だからいい、とか、バラバラだから悪い、という話ではありません。就活生の参考程度に聞いておこう、という程度だそうです。

基本の答え方としては、正直に答えるのが一番です。順位を付けるのがちょっと、ということであれば「第一志望群」でもいいのではないでしょうか。

個人面接は長く話すことも

中盤以降の個人面接は、企業側が一人のときもあれば、複数人いるパターンもあります。どちらにしろ、就活生は一人。グループ面接と異なり、時間配分の制約は緩やかになります。自己PRやガクチカ、志望動機などが聞かれるのは、序盤の面接と変わりません。ただし、ここからさらに深く質問していくことがあります。いわゆる、深掘り質問です。

企業側としては、就活生に興味があるからこそ、深掘りをしていきます。ここで、深掘りされてもちゃんと答えられる就活生はいいでしょう。問題は、この深掘りに答えられなかった就活生です。答えられなかった人は、何であれこれ聞くのか、との不満から「×社は圧迫面接だった」などと触れて回ります。圧迫面接は、2000年代まではそこそこあった採用手法です。ストレス耐性を見るため、とも言われていました。しかし、その後、選考段階で圧迫したところで意味がないこと、企業の悪評が立つことなどから、2021年現在では、この手法を用いる企業はごく少数です。

では、ネットで出ている圧迫面接は何なのでしょうか？　その正体がこの深掘り質問です。個人面接では時間が長い分、深掘り質問がよく出ます。決して圧迫というわけではないので、深く聞かれる、という前提で臨みましょう。

理工系は中高生相手のつもりで

理工系学生が中心となる技術職・研究職採用の場合、中盤以降の面接では採用担当者（人事部）の他に、技術部門の役職者が同席していきます。

これは、採用した場合、その部署で欲しいかどうかなどを検討するためです。最終面接やその一つ前の役員面接だと、技術的な話、あるいは学生の研究について質問することもあります。専門的な話となると、採用担当者より技術部門出身者の方が理解できる、という事情もあります。

理工系学生が注意したいのは、面接に技術部門の役職者が登場する面接です。同好の士があらわれた、と就活生は喜んで、専門分野について、面接で話し込んでしまいます。

技術部門出身者と一対一の個人面接ならそれもいいでしょう。しかし、人事部など他部署の社員も面接に参加している場合はどうでしょうか。一人と、それも専門的な内容を話し込むと他の面接参加者は置いてけぼりになってしまいます。面接の評価は、技術部門の役職者が満点だったとしても、他の面接参加者が低評価で落ちる、ということがよくあります。

面接担当者が複数いる場合、他の面接担当者（特に文系出身者）にもわかるように話をすることが必要です。

具体的には、受験生向けのオープンキャンパス、あるいは、中学生の研究室訪問を思い出してみてください。中高生相手に専門的な話をそのましても理解されません。そこで、オープンキャンパス、研究室訪問を受け持つ学生は、説明ではわかりやすくしているはず。これと同じ理屈で、専門外の社員にもわかるように伝えるにはどうすればいいか、考えるようにしましょう。

なお、理工系学生向けの就活本としては、『理系のためのキャリアデザイン　戦略的就活術』（増沢隆太、丸善出版、２０１４年）、大学院生であれば、『改訂新版　大学院生、ポストドクターのための就職活動マニュアル』（アカリク・編、亜紀書房、17年）がお勧めです。

セクハラ、パワハラ面接を受けたときは

中盤以降の面接では、採用担当者ではなく、各部門の役職者が面接を担当する企業が増えます。

普段、直接には就活生と接するわけではありません。そこで大企業を中心に、面接前に面接担当者向けの研修などを開催します。これは、面接を適切に進めるためです。それでも、中には不適切な質問をしてしまう面接担当者がいます。

２０１９年、日本労働組合総連合会の調査によると、「恋人はいるか」など、本人が不適切と感じる質問や発言をされた人は調査対象の15％いました。

この調査を紹介した読売新聞記事（２０１９年5月28日朝刊）では、連合の担当者のコメントが掲載されています。

「適性や能力に関係ない質問や発言は、あってはならない。そうした質問には答える必要がないということを、就活生もきちんと知っておいてほしい」

こうした不適切な質問はセクハラ、パワハラに該当するとして、本来はあってはならない質問です。国・厚生労働省も「公正な採用選考の基本」で、「応募者の基本的人権を尊重する姿勢、応募者の潜在的な可能性を見いだす姿勢で臨み、できるだけ客観的かつ公平な評価を行うようにしましょう」としています。

セクハラ、パワハラに該当する質問に対しては、ノウハウがどうこう、というよりも、まず回答する必要がありません。

面接終了後に、人事部や大学キャリアセンターに報告してください。ここでまともな企業であれば、面接のやり直しを実施するはずです。そうでなければ、ろくでもない、古い感覚を持った上司を持たずに済んだ、とその企業のことは忘れてください。違う企業の選考に集中した方がまだ前向きです。

なお、あまりにもひどい場合は、大学キャリアセンターだけでなく、労働問題に強い弁護士などに相談のうえ、法的手段に出ることも検討してください。

(6) 最終面接

中盤以前とは決定権・世代が違う

序盤の選考と最終選考、違いは面接担当者の世代、その決定権です。

面接を担当するのは、序盤だと採用担当者や若手クラス。中盤だと採用担当者か部課長クラス、そして最終選考だと、社長ないしは役員が担当します。

この役職の違いが選考にも大きく影響します。

序盤から中盤にかけてだと、学生の基礎能力を中心に見ます。基礎能力とは挨拶、マナー、基本的な教養などです。

これをまとめると、「次の選考に上げていいかどうか」。

読者のあなたが若手社員(あるいは課長)だったとしましょう。次の選考に通した学生が何かトラブルを起こした場合、上司や採用担当の部門長になんと言われるでしょうか。

「なぜ、あの学生を通したのか」

ひょっとしたら、軽く怒られるかもしれません。怒られないためには、基本的な部分を見ていくことになるはず。

一方、最終選考はどうでしょうか。面接を担当する社長ないし役員は企業のかじ取りを任されています。決断一つで数億、あるいは数十億、数百億もの大金が動きますし、もし、失敗すれば経営が大きく傾くことになります。

それだけ経営にはシビアな判断を下すことが日常となっています。一方、採用については基本的な能力の確認はすでに序盤・中盤の選考で終わっています。

そのうえで内定辞退ないし入社早々に退社してしまった場合、経営に大きなマイナスとなります。

それもあって、志望度やマッチング、適性という点を相当重視するのが最終選考です。一方、社長ないし役員なので、採用についても決定権があります。仮に、入社した社員がトラブルを起こした、すぐ退職したとしても、採用を決めた社長ないし役員が非難されることはほとんどありません。

「最近気になるニュースは?」と聞かれたら

最終選考という舞台では、社長・役員側があえて、「最近気になるニュースは?」と聞いてくることがあります。

この質問、序盤・中盤だと企業に関連したニュースでなくても問題ありません。ですが、最終選考で出た場合、大方は「ほめてほしい」という文脈を含んでいます。

例えば、その企業が日本経済新聞（あるいは読売新聞、あるいは朝日新聞）のどこかの面で大きく出ていたとしましょう。それもポジティブな内容だった場合、その企業の社長、役員は全員が程度の差こそあれ浮かれています。

そこに最終選考を迎えれば、学生に「気になるニュースは？」と聞いてみたくなるわけです。もちろん、その記事を読んだ、すごいですね、という回答を期待しています。そこまであからさまでなくても、読んだ、という程度の反応は期待しています。ところが……

「阪神タイガースが連敗したことです」

「私の好きなアイドルが引退しました」

「特にありません」

こういう回答を、それも最終選考でしてしまう就活生のなんと多いことか。もちろん、先ほどまでお花畑を歩いていたような社長・役員の心象風景は、荒涼とした風景に変わります。

ほめてほしいだけだったのに、なぜスポーツの話になるのか、この学生はよほどうちに関心がないのか。だったら落とそう。これが最終選考における、社長・役員リスクです。

この社長・役員リスクを避けるには、普段から新聞を読んで、関連記事がないか、チェックしておくことが必要です。

1紙しか読んでいない（あるいは全く読んでいない）としても、最終面接の前日には、大学キャリアセンターか大学図書館（あるいは、規模の大きな公立図書館）で新聞記事検索システム（Gサーチ、日経テレコンなど）を使い、該当記事がないか、探してみましょう。

新聞記事検索システムは、大きな記事から小さな記事まで検索することが可能です。企業名で検索すると、役員人事も含め、小さな記事まで検索されます。小さな記事は飛ばして、大きな扱いの記事でその企業がどう出ているのかチェックしていくといいでしょう。

なお、面接当日は普段、講読していないとしても、日本経済新聞くらいは読むようにしてください。その企業が掲載されているかもしれません。

まさかの大逆転も

最終選考では、入社意欲も問われます。もし、志望度が高い企業であれば、第一志望群くらいのことは言った方がいいでしょう。

それから、最終選考でうまく話せなかったとしても、意外な逆転もあります。最終選考での逆転で多いのは選考後のフィードバック面談です。特にない企業でも、懇意になった採用担当者との雑談などが該当します。

このときに威力を発揮するのが企業研究ノートや企画書などの飛び道具です。こうした飛び道具、序盤・中盤で使う学生はそこそこいますが、イタさが目立つだけです。

ところが、志望度の高い企業について、コツコツ作っている学生は誰に見せるわけでもなく、頑張ってノート・企画書を作っていきます。

これが思わぬ妙手となって逆転することがあります。ある流通企業の総合職の最終選考でうまく話せない学生がいました。終了後、採用担当者と雑談する機会があり、「どうしても御社に入りたかったのに、面接でうまく話せませんでした。入社したら、こういう仕事がしたい、と自分なりに調べてきたのですが」と企業研究ノートを見せたのです。

採用担当者が読んでいくと、あるページでめくる手が止まります。

「これ、ちょっと預からせてくれ」

そう言ってノートを取り上げ、1時間後、この学生は内々定通知をもらいました。面接ではうまく話せなかった学生がどうして内々定まで行ったのでしょうか。

実はこの企業研究ノート、相当細かく、創業者の生誕100年が翌年に当たることまで調べていました。ところがこの流通企業、社長から採用担当まで、創業年は覚えていても創業者の生誕年は忘れており、行事を予定していなかったのです。

この学生の企業研究ノートで救われた、という次第。ただ、単に内々定だけで、その後、金一封くらいあったかどうかは聞いていません。

一方、最終選考で**落ちる就活生の特徴で大きなものとしては、タイプ違い**があります。

これは、就活生本人の優秀さは認めるものの、その企業とは合わなそう、という相性や人間性によるものです。

これは当たっている部分もあれば外れている部分もあります。しかし、その就活生を落とした社長・役員の判断の良し悪しがわかるのは、数年後、あるいは10年後、あるいは数十年後です。

もし、最終選考で落ちたとすれば、その企業は縁がなかった、として、別の企業を探しましょう。

(7) 内定辞退

内々定の次は内定承諾書提出

コロナショック後も、極端に就職状況が冷え込むとは考えづらいところ。そうなると、就活生の多くは複数内定を得て、どの企業に就職するか、これはこれで悩むことになります。

最終選考後、しばらくしてから、内々定の連絡が来ます。就活生は、この内々定連絡を受けると、その次の内定承諾書を提出するかどうか、検討することになります。

この内定承諾書は、「内定を承諾いたしました。つきましては、特別な事情がない限り、貴社が指定する日時に入社いたします」などの文言があります。

ただし、法律上の拘束力は全くありません。提出後に辞退した、としても、それで損害賠償などを請求されることはありません。企業からすれば、内定承諾書を出してもらうことにより、採用予定数を確定させたい、という思いがあります。

この内定承諾書ですが、内々定後の提出期限としては、1~2ヵ月が一応の目安です。なぜ、「一応」か、と言えば、選考時期が早ければ、数ヵ月ないし半年近く待つ企業もあるからです。2週間くらいで返事は欲しい、という企業もありますし、「いくらでも待つが、月に1回は状況を報告してほしい」とする企業もあります。

このあたりは、採用・働き方の哲学が垣間見える部分でもあり、対応は分かれます。他社の選考状況を考慮する、という企業も増えてきました。

中小企業で採用を戦略的に考えられるところは、就活生と早いうちに信頼関係を構築。どことどこを受けるか、把握して、大企業の選考が終わるまで待つスタイルをとる企業もあります。

まとめますと、内々定が出てから内定承諾書を提出するまでの期限は選考時期にもよりますが、1~2ヵ月後。もし、期限内に返事ができないようであれば、他社の選考状況なども含めて正直に答えましょう。大半の企業は待ってくれます。

複数内定で迷うなら社員訪問・内定者懇談会も有効

どの企業の内定を承諾するのか、複数内定をした就活生は悩みます。その際、判断材料となるものとしてOBOG訪問があります。社会人訪問と言えば、就活序盤にするもの、と考える就活生がいます。これは複数内定を取った後にこそ、やるべきものです。

就活序盤では、「弊社はOBOGの紹介などはしていません」とする企業も、内定学生には違う対応をします。似たタイプの若手社員を紹介してくれ、給料や福利厚生の話も含め、いろいろと聞くことができます。

企業によっては内定学生向けの社員訪問を積極的に実施しています。そうでない企業でも、社員紹介を依頼すると判断材料ができます。

内定者懇親会も判断材料となります。2020年はコロナの影響でオンライン懇親会とする企業が多くありました。例年であれば、対面で内定者懇親会を実施します。

このとき、他の内定学生がどんなタイプか、観察してみてください。大半はそのまま入社しますので、近未来の同僚となります。その同僚になるであろう、他の内定学生を観察して、一緒にやっていけそうかどうか。これも判断材料の一つとなります。

複数内定を判断する材料は、企業の業績、知名度、成長度などいろいろあります。後悔のないように、検討したうえで、最後は自分で判断しましょう。

内定辞退の方法

内定辞退、メールか、電話か、直接訪問か、いつも話題になります。

２０００年代以前の感覚を持ったままの大学キャリアセンター職員やカウンセラーだと、「相手への礼儀もあるし、何かのきっかけで仕事を一緒にするかもしれない。それなら、直接訪問をした方がいい」と話します。

私もその感覚はよくわかります。ですが、近年は複数内定が当たり前になっていますし、企業側も「正直なところ、辞退という前提で来られてもお互いに時間のムダ」としています。では、メールか、電話か、それとも郵送か。

私が取材したところ、電話が多く、「メールでも郵送でも何でも」派が続きました。企業によっては、選考参加者向けの専用サイトを使っており、そのサイトで選考時期や予約などの連絡もします。このサイトで内定辞退をしてくれるのが一番早い、とする企業もありました。

メールだと、エラーで受け取っていないこともありますし、過去にはなりすましによる辞退騒動もありました。

電話か、郵送の方が確実です。就活中によほどお世話になったところであれば、報告も兼ねて直接訪問する、ということでいいのではないでしょうか。

内定辞退は合法か、違法か、と聞かれれば、職業選択の自由、ということで合法です。内定承諾書を提出した後、あるいは内定式後の辞退であっても、同じです。企業からすればいい迷惑ですが、内定辞退の知らせを受けたら、それを甘受するしかありません。

ただし、入社式直前になっての辞退だと話は別で、これは損害賠償を請求されることもあり得ます。

(8) 内定取り消し・就活失敗後

内定取り消しは企業に責任

コロナショックにより、急な内定取り消しや就活の失敗が注目されるようになりました。

内定辞退は合法、と前に書きました。では、内定取り消しはどうか、と言えば違法性が極めて高い行為です。

学生でも社会人でも意外と知らない方が多いのですが、内定を受けた学生は、労働者に準じる立場です。

会社との労働契約が成立しており、これを始期付《しきつき》解約権留保付労働契約と言います。

そのため、もし、内定取り消しを企業側が進めようとする場合、正社員の解雇と同様の手続きを踏む必要があります。

労働契約法第十六条にはこうあります。

第十六条　解雇は、客観的に合理的な理由を欠き、社会通念上相当であると認められない場合は、その権利を濫用したものとして、無効とする。

この解雇するための要件として挙げられるのが解雇4要件です。つまり、「人員整理の必要性」「解雇回避努力義務の履行」「被解雇者選定の合理性」「解雇手続の妥当性」の4点。

例えば、「工場も本社も倒壊してビジネス継続の見込みが全くない」ということであれば、解雇4要件に当てはまり、内定取り消しもやむなし、となります。

それから、卒業間際に単位を落として卒業できないことによる内定取り消しは、これは学生の責任となります。

それでは、「コロナによりビジネスの継続が難しそう」、これはどうでしょうか。この場合、企業側が一方的に論じても、学生側は丁寧な説明と補償を要求することができます。

「事業主は、やむを得ない事情により、どうしても採用内定取消し又は入職時期繰下げを検討しなければならない場合には、あらかじめ公共職業安定所に通知するとともに、公共職業安定所の指導を尊重するものとする。この場合、解雇予告について定めた労働基準法第20条及び休業手当について定めた同法第26条等関係法令に抵触することの無いよう十分留意するものとする。なお、事業主は、採用内定取消しの対象となった学生・生徒の就職先の確保について最大限の努力を行うとともに、採用内定取消し又は入職時期繰下げを受けた学生・生徒からの補償等の要求には誠意を持って対応するものとする」（厚生労働省・政策レポートページ「新規学校卒業者の採用内定取消しへの対応について」より）

リーマンショック後の内定取り消し騒動では、補償を要求した学生には補償金を支払い、そうでない学生には支払わなかった、という企業もありました。

なお、内定取り消しではなくても、「入社前の自宅待機期間が長くなりそう」「入社時期を延期したい」などでも、これらは内定取り消しと変わりません。

大学キャリアセンターや新卒応援ハローワーク（または各地のハローワーク・労働局）に相談してください。悪質性が高いようであれば、労働問題に詳しい弁護士に相談のうえ、補償を請求すれば、相当額を勝ちとれる可能性があります。

なお、選考途中での選考打ち切り、新卒採用中止は、法律上、問題になることはありません。そのため、補償を求めてもそれが認められる可能性は相当低い、と見るべきです。

選考解禁後もキャリアセンターへ

選考解禁日を過ぎても、内定が取れていない就活生は、就活を継続するかどうか悩みます。継続するにしても、意外と少ないのが、大学キャリアセンターの利用です。

今までは利用していた就活生であっても、「就活がうまくいかなかったので恥ずかしい」などの理由で敬遠してしまいます。

もし、就活がうまくいかなかった場合は、そのときこそ、大学キャリアセンターの積極的な利用が望ましいです。

理由は簡単で、選考解禁後も採用を継続（あるいは内定辞退による補充選考）する企業の求人情報は就職情報ナビサイトよりも、大学キャリアセンターに集まりやすいからです。

そうした情報を見逃さないためにも、大学キャリアセンターは就活に失敗したときこそ、利用するようにしましょう。

お勧めできない就職留年・浪人

志望企業・業界が採用中止になった就活生は、コロナショックで相当増えました。選考に落ちた学生も含めると、失敗後に検討されるのが、就職留年・浪人と大学院・専門学校進学です。

まず、就職留年・浪人について。就職留年は就活の継続を目的として1年間、留年することです。就職浪人は一度、卒業して、そのまま、就活の準備を続けます。卒業するのが就職浪人、卒業せずに学籍を残すのが就職留年です。この就職留年・浪人は、いくつかの例外を除けば全くお勧めできません。

理由は「大学受験浪人との違い」「最終落ちの理由」「コロナショック後の見通し」の3点です。

まず、1点目から。大学受験浪人であれば、勉強に集中することにより現役よりも対策時間を増やせるメリットがあります。しかし、就職留年・浪人だと、現役生よりも対策時間を増やせる、というほどではありません。

2点目の「最終落ちの理由」です。最終選考は社長・役員が担当であり、次の選考はありません。この最終選考で落ちる、ということは、タイプや人間性が異なるから、と先に書きました。就職留年・浪人をしても、企業の判断が変わることはほぼありません。

3点目「コロナショック後の見通し」について。1年待って、それで状況が大きく変わりそう、ということであれば、就職留年・浪人という選択もあり得ます。しかし、コロナショックによる影響がどこまで続くか、はっきりしないことの方が多いです。それで就職留年・浪人を選択しても、意味はありません。

なお、航空・観光業界は2022年卒について、ANAは大幅縮小（パイロット、障害者採用以外は見送り）、JTB、日本旅行、KNT－CTホールディングス（傘下の近畿日本ツーリスト各社）の旅行大手3社は新卒採用見送りをそれぞれ発表しています（20年12月現在）。

以上、3点の理由から就職留年・浪人はお勧めできません。

例外は、公務員試験、マスコミ業界などです。対策時間を十分に取ってから内定、という事例もあります。

また、就活がうまくいかない場合、大学院・専門学校進学を緊急避難先として検討する就活生がいます。しかしこれも、あまりお勧めできる選択ではありません。

大学院に進学しても修士修了だと、大学院に入ってすぐ就活となります。専門学校も同じです。それぞれ、勉強も大変ですし、緊急避難先としては適当とは思えません。

むしろ、就活に失敗した、ということであれば、不本意な業界・企業であっても、広く探したうえで、一度は就職することをお勧めします。

まず、社会人となり、そのうえで、どうしても合わない、ということであれば、転職をする、という手があります。

就職留年・浪人や大学院・専門学校進学よりも、一度就職したうえでの転職の方が、志望業界・企業に就職できる確率は高い、と言えます。採用する企業からすれば、20代での転職（いわゆる「第二新卒」）の方が「就職浪人・留年組よりも、社会人としての基礎訓練ができている」として評価するからです。

石渡嶺司

大学ジャーナリスト。1975年札幌市生まれ。東洋大学社会学部卒業。編集プロダクション勤務などを経て2003年から現職。以降、大学、就活、教育、転職・キャリア関連の執筆活動を続ける。関連著作は本書で30冊目。大学・高校等での講演やテレビ・ラジオ出演多数。2018年、「Yahoo!ニュース 個人 オーサーコメントアワード」受賞。ボランティア(半分取材)でエントリーシート添削を年間300人以上に実施。2020年からYouTubeも展開。

連絡先はnamio@eurus.dti.ne.jp

石渡嶺司YouTube
http://www.youtube.com/user/asakazel

講談社＋α《プラスアルファ》新書 839-1 C

就活《しゅうかつ》のワナ
あなたの魅力が伝わらない理由

石渡嶺司《いしわたりれいじ》 ©Reiji Ishiwatari 2021

2021年1月20日第1刷発行

発行者―――― 渡瀬昌彦
発行所―――― 株式会社 講談社
東京都文京区音羽2-12-21 〒112-8001
電話 編集(03)5395-3522
販売(03)5395-4415
業務(03)5395-3615

デザイン―――― 鈴木成一デザイン室
カバー印刷―――― 共同印刷株式会社
印刷―――― 株式会社新藤慶昌堂
製本―――― 牧製本印刷株式会社

定価はカバーに表示してあります。

落丁本・乱丁本は購入書店名を明記のうえ、小社業務あてにお送りください。

送料は小社負担にてお取り替えします。

なお、この本の内容についてのお問い合わせは第一事業局企画部「＋α新書」あてにお願いいたします。

本書のコピー、スキャン、デジタル化等の無断複製は著作権法上での例外を除き禁じられています。本書を代行業者等の第三者に依頼してスキャンやデジタル化することは、たとえ個人や家庭内の利用でも著作権法違反です。

Printed in Japan
ISBN978-4-06-522622-3

講談社+α新書

ふりがな付 山中伸弥先生に、人生とiPS細胞について聞いてみた
山中伸弥 聞き手・緑 慎也
テレビで紹介され大反響！ やさしい語り口で親子で読める、ノーベル賞受賞後初にして唯一の自伝
800円 770-1 B

結局、勝ち続けるアメリカ経済 一人負けする中国経済
武者陵司
2020年に日経平均4万円突破もある順風!! トランプ政権の中国封じ込めで変わる世界経済
840円 771-1 C

仕事消滅 AIの時代を生き抜くために、いま私たちにできること
鈴木貴博
人工知能で人間の大半は失業する。肉体労働でなく頭脳労働の職場で。それはどんな未来か？
840円 772-1 C

格差と階級の未来 超富裕層と新下流層しかいなくなる世界の生き抜き方
鈴木貴博
AIによる「仕事消滅」と「中流層消滅」から脱出する方法。誰もが資本家になる逆転の発想！
860円 772-2 C

病気を遠ざける！1日1回日光浴 日本人は知らないビタミンDの実力
斎藤糧三
紫外線はすごい！ アレルギーも癌も逃げ出す！ 驚きの免疫調整作用が最新研究で解明された
800円 773-1 B

ふしぎな総合商社
小林敬幸
名前はみんな知っていても、実際に何をしている会社か誰も知らない総合商社のホントの姿
840円 774-1 C

日本の正しい未来 世界一豊かになる条件
村上尚己
デフレは人の価値まで下落させる。成長不要論が日本をダメにする。経済の基本認識が激変！
800円 775-1 C

上海の中国人、安倍総理はみんな嫌いだけど8割は日本文化中毒！
山下智博
中国で一番有名な日本人——動画再生10億回!!「ネットを通じて中国人は日本化されている」
860円 776-1 C

戸籍アパルトヘイト国家・中国の崩壊
川島博之
9億人の貧農と3隻の空母が殺す中国経済……歴史はまた繰り返し、2020年に国家分裂!!
860円 777-1 C

習近平のデジタル文化大革命 24時間を監視され全人生を支配される中国人の悲劇
川島博之
共産党の崩壊は必至!! 民衆の反撃を殺すためヒトラーと化す習近平……その断末魔の叫び!!
840円 777-2 C

知っているようで知らない夏目漱石
出口汪
きっかけがなければ、なかなか手に取らない、生誕150年に贈る文豪入門の決定版！
900円 778-1 C

表示価格はすべて本体価格（税別）です。本体価格は変更することがあります

講談社＋α新書

もの忘れをこれ以上増やしたくない人が読む本　脳のゴミをためない習慣
松原英多
今一番読まれている脳活性化の本の著者が、「すぐできて続く」脳の老化予防習慣を伝授！
900円 820-1 B

全身美容外科医　道なき先にカネはある
高須克弥
「整形大国ニッポン」を逆張りといかがわしさで築き上げた男が成功哲学をすべて明かした！
880円 821-1 A

世界のスパイから喰いモノにされる日本　MI6、CIAの厳秘インテリジェンス
山田敏弘
世界100人のスパイに取材した著者だから書ける日本を襲うサイバー嫌がらせの恐るべき脅威！
880円 822-1 C

空気を読む脳
中野信子
日本人の「空気」を読む力を脳科学から読み解く。職場や学校での生きづらさが「強み」になる
860円 823-1 C

ソフトバンク崩壊の恐怖と農中・ゆうちょに迫る金融危機
黒川敦彦
巨大投資会社となったソフトバンク、農家の預金等108兆を運用する農中が抱える爆弾とは
840円 824-1 C

ソフトバンク「巨額赤字の結末」とメガバンク危機
黒川敦彦
コロナ危機でますます膨張する金融資本。崩壊のXデーはいつか。人気YouTuberが読み解く。
840円 824-2 C

次世代半導体素材GaNの挑戦　22世紀の世界を先導する日本の科学技術
天野浩
ノーベル賞から6年——日本発、21世紀最大の産業が出現する!!　産学共同で目指す日本復活
880円 825-1 C

会計が驚くほどわかる魔法の10フレーズ
前田順一郎
この10フレーズを覚えるだけで会計がわかる！「超一流」がこっそり教える最短距離の勉強法
900円 826-1 C

ESG思考　激変資本主義1990—2020、経営者も投資家もここまで変わった
夫馬賢治
世界のマネー3000兆円はなぜ本気で温暖化対策に動き出したのか？　話題のESG入門
880円 827-1 C

内向型人間が無理せず幸せになる唯一の方法
スーザン・ケイン
古草秀子 訳
成功する人は外向型という常識を覆した全米ミリオンセラー。孤独を愛する人に女神は微笑む
900円 828-1 A

トヨタ チーフエンジニアの仕事
北川尚人
GAFAも手本にするトヨタの製品開発システム。その司令塔の仕事と資質を明らかにする
880円 829-1 C

表示価格はすべて本体価格（税別）です。本体価格は変更することがあります

講談社＋α新書

ダークサイド投資術 元経済ヤクザが明かす「アフター・コロナ」を生き抜く黒いマネーの流儀
猫組長（菅原潮）
恐慌と戦争の暗黒時代にも揺るがない「王道の投資」を、元経済ヤクザが緊急指南！
880円 830-1 C

シリコンバレーの金儲け
海部美知
「ソフトウェアが世界を食べる」時代の金儲けの法則を、中心地のシリコンバレーから学ぶ
880円 831-1 C

認知症の人が「さっきも言ったでしょ」と言われて怒る理由 5000人を診てわかったほんとうの話
木之下徹
認知症一〇〇〇万人時代。「認知症＝絶望」ではない。「よりよく」生きるための第一歩
880円 832-1 B

成功する人ほどよく寝ている 最強の睡眠に変える食習慣
前野博之
記憶力低下からうつやがんまで、睡眠負債のリスクを毎日の食事で改善する初のメソッド！
900円 833-1 B

健康本200冊を読み倒し、自身で人体実験してわかった **食事法の最適解**
国府田淳
これが結論！ ビジネスでパフォーマンスを240％上げる食べ物・飲み物・その摂り方
900円 834-1 B

なぜネギ1本が1万円で売れるのか？
清水寅
ブランド創り、マーケティング、営業の肝、働き方、彼のネギにはビジネスのすべてがある！
880円 835-1 C

わが子に「なぜ海の水はしょっぱいの？」と聞かれたら？ 尊敬される大人の教養100
「大人」とは何か？研究所 編
地獄に堕ちたら釈放まで何年かかる？ 会議、接待、スピーチ、家庭をアゲる「へえ？」なネタ！
780円 837-1 C

なぜニセコだけが世界リゾートになったのか 「地方創生」「観光立国」の無残な結末
高橋克英
地価上昇率6年連続一位の秘密。新世界「ニセコ金融資本帝国」に苦境から脱するヒントがある。
900円 838-1 C

就活のワナ あなたの魅力が伝わらない理由
石渡嶺司
インターンシップ、オンライン面接、エントリーシート……。激変する就活を勝ち抜くヒント
1000円 839-1 C

表示価格はすべて本体価格（税別）です。本体価格は変更することがあります